Widerstand gegen die Kollektivierung der Landwirtschaft in der DDR 1952-1961

Stefan Finger

Bibliografische Information der Deutschen Nationalbibliothek:

Die Deutsche Nationalbibliothek verzeichnet diese Publikation in der Deutschen Nationalbibliografie; detaillierte bibliografische Daten sind im Internet über http://dnb.d-nb.de abrufbar.

ISBN: 9783867463454
Dieses Buch ist auch als E-Book erhältlich.

Widerstandgegendie Kollektivierungder Landwirtschaftinder
DDR 1952-1961

Schriftliche Hausarbeit im Rahmen
der Ersten Staatsprüfung für das
Lehramt für die Sekundarstufe II
im Fach Sozialwissenschaften - Politik

dem

Staatlichen Prüfungsamt Köln

vorgelegt von

Stefan Finger

Bonn, 4. Oktober 1999

Die vorliegende Staatsexamensarbeit mit dem Titel „Widerstand gegen die Kollektivierung der Landwirtschaft in der DDR 1952-1961" befaßt sich im Schwerpunkt mit dem Widerstand, welcher von Teilen der Landbevölkerung der Deutschen Demokratischen Republik (DDR) gegen die Kollektivierungsmaßnahmen der Sozialistischen Einheitspartei Deutschlands (SED) in den Jahren 1952 bis 1961 geleistet wurde. Es handelte sich dabei um eine weitverbreitete Gegenwehr, die sich gegen den von der

II. Parteikonferenz der SED im Juni 1952 beschlossenen „Aufbau des Sozialismus" auf dem Lande und der damit einhergehenden „Vergenossenschaftlichung" aller Produktionsmittel richtete. Schließlich sollte nach dem Willen der Partei- und Staatsführung der gesamte bäuerliche Grund und Boden unter „Wahrung der unbedingten Freiwilligkeit" in Landwirtschaftliche Produktionsgenossenschaften (LPG / LPGen) zusammengeführt und somit „vergenossenschaftlicht" werden. Außerdem sollten die Bauern und Landarbeiter jenen LPGen beitreten. Nicht eben wenige Landwirte folgten diesem Aufruf, gründeten freiwillig Produktionsgenossenschaften und arbeiteten fortan als linientreue Genossenschaftsbauern. Ein Großteil der Landbevölkerung jedoch setzte sich gegen die geforderte Sozialisierung auf vielfältige Art und Weise zur Wehr. Diese Gegenwehr ist es, die im Mittelpunkt der Betrachtungen der vorliegenden Staatsexamensarbeit stehen soll.

Das genaue Ziel der Untersuchungen liegt dabei in der Analyse, Typologisierung und Darstellung jenes widerständigen Verhaltens, obgleich politischer Widerstand weder genau definiert, noch absolut gemessen werden kann und allenfalls relativ und prozessual einzuschätzen ist. Dennoch ist beabsichtigt, die Analyse des widerständigen Verhaltens in der Gliederung umzusetzen, da die Unterteilung und die Abfolge der einzelnen Darstellungen zwangsläufig von der Typologisierung der unterschiedlichen Widerstandsarten abhängig ist. Die zentrale Fragestellung der Examensarbeit lautet also: Auf welche Art und Weise hat die Landbevölkerung der DDR auf die von Partei und Staat aufoktroyierte „Sozialisierung" ihres Eigentums reagiert und inwieweit läßt sich das jeweilige Verhalten als Widerstand deuten bzw. typisieren?

Unter dem Begriff „Widerstand" sollen im folgenden sämtliche Formen nichtkonformen, ablehnenden, verweigernden, abweichenden, resistenten, gegnerischen und oppositionellen Verhaltens subsumiert werden, die als Aktion oder Artikulation deutlich machten, daß die Maßnahmen des Staates und der Partei von der Bevölkerung als ihren Grundrechten und ihrer Menschenwürde zuwiderlaufend und folglich als nicht akzeptabel angesehen wurden. Der

Begriff des Widerstandes ist somit in diesem Zusammenhang sehr weit gefaßt. Er soll im Rahmen dieser Arbeit für all jene Handlungen wie z.B. für den Protest, den zivilen Ungehorsam, den tätlichen Widerstand, die offensive Gegenwehr, die Sabotage, die Flucht und den Selbstmord stehen, die ganz klar aufzeigen, daß es sich beim Beschluß zum „freiwilligen Aufbau des Sozialismus" um einen von der SED initiierten staatlichen Zwang handelte, der von weiten Teilen der Landbevölkerung entschieden abgelehnt wurde. Die daraus resultierenden verschiedenen Arten des aktiven oder passiven, offenen oder heimlichen, individuellen oder kollektiven Aufbegehrens der Landbevölkerung unterliegen in ihrer Darstellung einer Graduierung, die sich nach Ansicht des Verfassers an der Höhe der Einsatzbereitschaft, des Mutes und der Wirkung und somit an der Intensität des Widerstandswillens orientiert, den die handelnden Personen zur Wahrung ihrer Grund-, Menschen- und Eigentumsrechte aufbrachten. Eine Graduierung, die jedoch keinesfalls den Anspruch auf allgemeine Gültigkeit erhebt.

Der Träger dieses Widerstandes soll im folgenden als „die Landbevölkerung" bezeichnet werden. Denn es waren nicht allein die Bauern, also die männlichen Besitzer von Haus und Hof, die sich gegen die Vergenossenschaftlichung ihrer Produktionsmittel sowie ihres Grund und Bodens empörten. Vielfach waren es auch deren Frauen oder Kinder, manchmal auch deren Eltern oder Landarbeiter, die entweder persönlich Widerstand leisteten oder den bäuerlichen Hausherren und Familienvater vom Beitritt in die LPG abzubringen versuchten. Mit „Landbevölkerung" sind also jene Personen gemeint, die entweder in der Landwirtschaft tätig waren, zu deren Angehörigen zählten oder sich in sonstiger Form von der Kollektivierung betroffen fühlten, wie zum Beispiel auch die Pfarrer oder die Bürgermeister auf dem Dorfe. Wie bereits erwähnt, soll die nicht zu unterschätzende Zahl regimetreuer bzw. vom sozialistischen Gedankengut überzeugter bäuerlicher Elemente im folgenden nicht unter dem Begriff der „Landbevölkerung" subsumiert werden, da sich die vorliegende Arbeit ausschließlich mit den Trägern von Widerstand und Gegenwehr befaßt.

Der Widerstand gegen die Kollektivierung wurde in einem klar einzugrenzenden Zeitabschnitt geleistet. Er begann mit dem Beschluß der SED zum „Aufbau des Sozialismus" auf ihrer II. Parteikonferenz des Jahres 1952 und endete im wesentlichen mit dem Bau der Mauer im August des Jahres 1961. Zwar war die Zwangskollektivierung bereits im April 1960 offiziell abgeschlossen worden, doch fand das Gros der Proteste, Unruhen und Sabotageakte erst ein Jahr später weitestgehend ein Ende. Vereinzelte Symptome ungebrochener Gegnerschaft wurden sogar noch im Jahre 1963 verzeichnet. Somit soll sich das Hauptaugenmerk der

Betrachtungen auf die „Kernzeit" der Sowjetisierung der Landwirtschaft richten, nämlich auf das unruhige Jahrzehnt zwischen den Jahren 1952 und 1961.

Eher unbeachtet soll der Volksaufstand vom 17. Juni 1953 bleiben, da sich der massenhafte Protest der ostdeutschen Bevölkerung gegen die Politik von Partei und Regierung in ihrer Gesamtheit richtete und weder allein von der Landbevölkerung initiiert war, noch in erster Linie die Bolschewisierung der Landwirtschaft anprangerte. Auch wenn der 17. Juni bis heute ein Symbol des Widerstands- und Freiheitswillens auch der ländlichen Bevölkerung ist, so läßt sich der landesweite Aufruhr dennoch nicht der hier zu behandelnden Fragestellung unterordnen. Der Massencharakter des Ereignisses und die Vielzahl seiner Motivationen, Ursachen und Ziele macht dies unmöglich. Folglich soll der Tag des Volksaufstandes allenfalls im „Historischen Überblick" der Hausarbeit, nicht aber im eigentlichen Schwerpunkt näher erwähnt und untersucht werden.

Nach der Einleitung folgt ein historischer Überblick, der in die grundlegenden geschichtlichen und politischen Zusammenhänge einführen und die ideologischen Hintergründe erläutern wird. Im Rahmen dieses zweiten Kapitels werden in knapper Form die theoretischen Grundlagen, die sowjetzonalen Gegebenheiten, die Vorgeschichte, Beginn, Verlauf und Abschluß der Kollektivierung geschildert, um somit eine Basis für den darauffolgenden Hauptteil der Arbeit zu schaffen. Das in vier Unterabschnitte gegliederte dritte Kapitel bildet den Schwerpunkt der Ausführungen. In ihm stehen gemäß der dieser Untersuchung zugrunde liegenden Fragestellung und Zielsetzung die Darstellung und Typisierung der zutagegetretenen Formen des Widerstands der Landbevölkerung im Mittelpunkt der Betrachtungen. Den Anfang machen einige notwendige Vorüberlegungen zum Widerstandsbegriff sowie eine Abhandlung zur Kirche als „letzte legale Trägerin von Opposition" im totalitären Staat. Es folgt schließlich der eigentliche Kern der Untersuchungen: die elf typisierten Formen des Widerstandes gegen die Kollektivierung der Landwirtschaft in der DDR. Am Ende des Hauptteils befindet sich schließlich eine Darstellung der Gründe und Ursachen, die zu diesem mitunter erbitterten bäuerlichen Widerstand geführt haben. Den endgültigen Abschluß der Ausführungen bildet die Zusammenfassung mit einem Fazit zur Diskrepanz zwischen Anspruch und Realität des Sozialismus auf dem Lande.
Zur verwendeten Literatur ist zu sagen, daß es zwar eine Vielzahl an Werken zum Thema DDR im allgemeinen sowie zur Phase der Kollektivierung im speziellen gibt, sich konkrete Beispiele widerständigen Verhaltens jedoch nur höchst selten nachweisen lassen. Außer anhand der

amtlichen Veröffentlichungen bundesdeutscher Ministerien sowie der Schriften von Franzky, Fricke, Osmond und Werkentin (siehe Literaturverzeichnis) konnten Einzelbeispiele individueller Gegenwehr infolgedessen nur mit Hilfe der Meldungen der damaligen Tagespresse belegt werden. Allenfalls eine Recherche im Bundesarchiv in Berlin oder in den diversen Partei-, Gerichts- und Kirchenarchiven sowie in der Lokalpresse hätte mit hoher Wahrscheinlichkeit zu weiteren Erkenntnissen geführt, den Rahmen dieser Staatsexamensarbeit jedoch gesprengt. So stützt sich der „Historische Überblick" dieser Arbeit in erster Linie auf Aufsätze und Monographien und der Hauptteil auf Quellen wie den „Eigenberichten" des Ministeriums für gesamtdeutsche Fragen, Meldungen des „Informationsbüros West" und auf eine Reihe von Zeitungsartikeln. Die genauen Angaben sind im Quellen- und Literaturverzeichnis nachgewiesen, das am Ende der Hausarbeit auf eine Übersicht der verwendeten Abkürzungen folgt.

II. Von der Industrialisierung zur Zwangskollektivierung:

Ein historischer Überblick

1. Die geistigen Väter des Sozialismus und ihre Vorstellungen von der genossenschaftlichen Produktion

Einhergehend mit der sich rasch ausbreitenden „industriellen Revolution" und den daraus resultierenden fundamentalen gesellschaftlichen Umwälzungen mehrten sich im Laufe des 19. Jahrhunderts die Vertreter völlig neuartiger Gesellschaftsordnungen. Der wohl bedeutendste unter ihnen, Karl Marx, vertrat die Ansicht, daß die sich immer weiter verstärkende Maschinisierung eines Tages zwangsläufig zu derartig kapitalintensiven Produktionsmitteln führen müsse, daß diese nur noch von einigen wenigen „Monopolkapitalisten" unterhalten werden könnten.[1] Marx prophezeite eine wirtschaftliche und gesellschaftliche Entwicklung, die den Arbeiter unweigerlich in die Verelendung stürzen müsse, da das Ziel jeglicher kapitalistischen Produktion ausschließlich in der Maximierung der Gewinne der Produktionsmitteleigentümer läge.[2] Die einzige Möglichkeit, dieser drohenden Ausbeutung und Versklavung zu entgehen, erblickte Marx in der radikalen Vergesellschaftung sämtlicher Produktionsmittel zu einer neuartigen Form der Gütergemeinschaft.[3] Die Arbeiter sollten sich

---

[1] Vgl. Hoffmann, Joachim: Zentralverwaltungswirtschaft am Beispiel der SBZ.
Frankfurt am Main, Berlin, Bonn, München 1966, S. 11.
[2] Vgl. Krebs, Christian: Der Weg zur industriemäßigen Organisation der Agrarproduktion in der DDR.
Die Agrarpolitik der SED 1945-1960. Bonn 1989, im folgenden zitiert als „Krebs, Christian", S. 8.
[3] Vgl. Kollmer, Michael: Idee und Wirklichkeit des Kommunismus.
Ein Abriß seiner Geschichte von Babeuf bis Stalin. Wien 1994, S. 23.

von ihren Ausbeutern befreien und sich zur „herrschenden Klasse" erheben.[4] Marx forderte also eine revolutionäre Bewegung sämtlicher Arbeiter mit dem Ziel, die politische Macht zu ergreifen, eine „Diktatur des Proletariats" zu errichten und die Produktionsmittel der „Kapitalisten" in den gemeinschaftlichen Besitz einer ganzen Klasse zu verbrin-gen.[5]

Doch nicht nur die Proletarier in den Städten und Fabriken rief er zu Vereinigung und Solidarität auf, sondern auch jene auf dem Lande: die Bauern. Die Industrialisierung hatte in der Landwirtschaft zu einer dauerhaften Krise geführt.[6] Marx war davon überzeugt, daß der technische Fortschritt auch in der Landwirtschaft zu einer drastischen Überlegenheit der kapitalintensiven Großbetriebe führen müsse (Parallelitäts-theorie),[7] der die kapitalschwachen Betriebe nicht gewachsen seien (Konzentra-tionstheorie).[8] Früher oder später werde die Mehrzahl der Klein- und Mittelbauern ebenso wie die Handwerker und Arbeiter in den Städten zu Lohnempfängern „verfallen" - ohne Eigentum oder Bezug zu ihrem Werk.[9] Marx' enger Vertrauter Friedrich Engels vertrat die Ansicht, daß sich gegen diesen „Verfall" nichts weiter unternehmen ließe, als die Güter zu genossenschaftlichen Betrieben zusammenzulegen.[10] Er folgte damit einer im damaligen Europa weitverbreiteten sozialistischen Tendenz.[11] An der deutlich höheren Leistungs- und Konkurrenzfähigkeit des Großbetriebes wurde wenig gezweifelt.[12] Außerdem forderten die Bauern schon seit langem eine grundlegende Veränderung der Eigentums- und Besitzverhältnisse auf dem Lande.[13] So wurde also bereits im

---

[4] Vgl. Hauschild, Ingrid: Von der Sowjetzone zur DDR. Zum verfassungs- und staatsrechtlichen Selbstver-ständnis des zweiten deutschen Staates. Frankfurt am Main, Berlin, Bern, New York, Paris 1996, S. 41.
[5] Vgl. Šik, Ota: Der dritte Weg. Die marxistisch-leninistische Theorie und die moderne Industriegesellschaft. Hamburg 1972, S. 365.
[6] Vgl. Lehmann, Hans Georg: Die Agrarfrage in der Theorie und Praxis der deutschen und internationalen Sozialdemokratie. Vom Marxismus zum Revisionismus und Bolschewismus. Tübingen 1970, S. XI.
[7] Vgl. Zimmermann, Hartmut: DDR-Handbuch. 3., überarbeitete und erweiterte Auflage, Köln 1985, S. 13.
[8] Vgl. Merl, Stephan: Sowjetmacht und Bauern. Dokumente zur Agrarpolitik und zur Entwicklung der Landwirtschaft während des „Kriegskommunismus" und der Neuen Ökonomischen Politik. Berlin 1993, S. 15.
[9] Vgl. Thieme, Jörg H.: Die sozialistische Agrarverfassung. Ein Ausnahmebereich im Wirtschaftssystem der DDR. Stuttgart 1969, S. 3.
[10] Vgl. Engels, Friedrich: Die Bauernfrage in Frankreich und Deutschland, in: Institut für Marxismus-Leninismus beim ZK der SED (Hg.): Karl Marx - Friedrich Engels. Werke. Band 22, Berlin 1972, S. 483-505, S. 503.
[11] Vgl. Weber, Adolf: „Umgestaltung der Eigentumsverhältnisse und der Produktionsstruktur in der Landwirtschaft der DDR", in: Deutscher Bundestag (Hg.): Materialien der Enquete-Kommission „Aufarbeitung von Geschichte und Folgen der SED-Diktatur in Deutschland". Band II/4: Machtstrukturen und Entscheidungsmechanismen im SED-Staat und die Frage der Verantwortung. 42. Sitzung, 12. Wahlperiode des Deutschen Bundestages. Baden-Baden 1995, S. 2809-2888, S. 2810.
[12] Vgl. Merl, Stephan: Hat sich der landwirtschaftliche Betrieb bewährt? Zum Vergleich von Agrarentwicklung mit Agrarproblemen in der Sowjetunion und der DDR, in: Horn, Hannelore; Knobelsdorf, Wladimir; Reiman, Michal (Hg.): Der unvollkommene Block. Die Sowjetunion und Ost-Mitteleuropa zwischen Loyalität und Widerspruch. Frankfurt am Main, Bern, New York, Paris 1988, S. 139-170, S. 141.
[13] Vgl. Buchsteiner, Ilona: Bodenreform und Agrarwirtschaft der DDR. Forschungsstudie, in: Landtag Mecklenburg-Vorpommern (Hg.): Zur Arbeit der Enquete-Kommission „Leben in der DDR, Leben nach 1989 - Aufarbeitung und Versöhnung." Anträge, Debatten, Berichte.

Jahre 1875 folgender Passus in das Programm der Sozialdemokratischen Arbeiterpartei in Gotha aufgenommen: „Die Produktivgenossenschaften sind für Industrie und Ackerbau in solchem Umfang ins Leben zu rufen, daß aus ihnen die sozialistische Organisation der Gesamtheit entsteht."[14]

Ebenso wie Engels vertrat auch Karl Kautsky die Ansicht, daß sich der Bauer auf die Grenzen seiner wirtschaftlichen Überlebensfähigkeit zubewege und sich mit Nebentätigkeiten werde behelfen müssen, bis ihn am Ende das Schicksal des ganz und gar abhängigen Proletariers ereilen werde.[15] Von ähnlich apokalyptischen Zukunftsvisionen entsetzt, gründete Ferdinand Lassalle im Jahre 1863 in Leipzig den „Allgemeinen Deutschen Arbeiterverein" mit dem Anspruch, das Proletariat fortan politisch organisieren und vertreten zu wollen. Produktivgenossenschaften nach den Vorstellungen von Marx und Engels lehnte er ab. Kautsky hingegen vertrat hinsichtlich der Genossenschaften eine völlig andere Position und bezeichnete sie als eine Form der Arbeit, welche „die der menschlichen Natur entsprechendste sei"[16]. In folgender Hinsicht herrschte unter diesen vier wichtigsten Vertretern sozialistischen Gedankengutes des 19. Jahrhunderts jedoch weitestgehend Einigkeit: „Mit der Entwicklung der großen Industrie wird also unter den Füßen der Bourgeoisie die Grundlage selbst weggezogen (...). Ihr Untergang und der Sieg des Proletariats sind gleich unvermeid-lich."[17] Ebenso stand außer Frage, daß der genossenschaftliche Zusammenschluß der Bauern unbedingt vollkommen freiwillig sein müsse. Am Ende dieser Entwicklung sollten alle ehemaligen Landarbeiter, Bauern und Großgrundbesitzer der gleicher-maßen besitzlosen und doch alle Produktionsmittel besitzenden Arbeiterklasse an-gehören und den Wohlstand der Allgemeinheit in Freiheit und Gleichheit mehren. Privates Eigentum an Produktionsmitteln wurde folglich als eine Art „menschliche Erbsünde"[18] angesehen. Dennoch war die angestrebte Form der genossenschaftlichen Produktionsweise nur als Übergangslösung zu einer „höheren Form einer sozialis-tischen Gesellschaft" gedacht. Wie diese höhere Staatsform jedoch konkret aus-

<hr>

Band 5, Schwerin 1998, S. 11-61, im folgenden zitiert als „Buchsteiner, Ilona", S. 12.

[14] Programm der Sozialdemokratischen Arbeiterpartei, Gotha 1875, zitiert nach: Weber, Adolf: Zur Agrarpolitik in der ehemaligen SBZ/DDR. Rückblick und Ausblick, in: Merl, Stephan; Schinke, Eberhard (Hg.): Agrarwirtschaft und Agrarpolitik in der ehemaligen DDR im Umbruch. Berlin 1991, S. 53-78, S. 55.

[15] Vgl. Dreessen, Klaus: Die Bedeutung der Landwirtschaftlichen Produktionsgenossenschaften für die Funktionstüchtigkeit des Planungssystems in der DDR und ihr Beitrag zum Wirtschaftswachstum. Dissertation. Münster 1973, im folgenden zitiert als „Dreessen, Klaus", S. 36.

[16] Kautsky, Karl: Die Sozialisierung der Landwirtschaft. Berlin 1919, S. 19.

[17] Karl-Marx-Haus (Hg.): Engels, Friedrich; Marx, Karl: Das Kommunistische Manifest (Manifest der Kommunistischen Partei). Von der Erstausgabe zur Leseausgabe. Trier 1995, S. 11.

[18] Kruse, Joachim von (Hg.): Weißbuch über die „Demokratische Bodenreform" in der Sowjetischen Besatzungszone Deutschlands. Erweiterte Neuauflage, München/Stamsried 1988, S. 9.

zusehen habe, wurde weder von Marx noch von Engels je ausgeführt.[19] Marx beließ es dabei, die wünschenswerteste Gesellschaftsordnung als klassenlose Gesellschaft ohne Klassenwidersprüche zu beschreiben, in der im Grunde keine politische Macht mehr existiert.[20] Um die Jahrhundertwende griff Lenin das Prinzip der genossenschaftlichen Produktion erneut auf und entwickelte daraus den „Leninschen Genossenschaftsplan". Dieser Genossenschaftsplan bildete die theoretische Basis, auf der sich der „Aufbau des Sozialismus" auf dem Lande vollziehen sollte.[21] Die erste Stufe dieses Planes sah die Bildung einfacher Genossenschaften vor, die zunächst nur einzelne Funktionen der Betriebe wie z.B. den Absatz landwirtschaftlicher Produkte zu übernehmen hatten. Die zweite Stufe erfaßte schließlich auch die Produktion in genossenschaftlicher Art und Weise, aus der über weiterhin zu bildende Kooperationsformen schließlich die kommunistische Gesellschaft erwachsen sollte.[22]

In allen kommunistisch regierten Staaten galt diese hier nur in Ansätzen dargestellte „wissenschaftlich begründete Weltanschauung" unter der Bezeichnung „Marxismus-Leninismus" als unumschränkt herrschende Ideologie. Ihr „offizielles" Ziel lag entsprechend den Vorstellungen ihrer geistigen Väter in der Schaffung einer demo-kratischen Gesellschaft der Gleichheit und der Gerechtigkeit ohne soziale Mißstände, Ausbeutung oder Klassenunterschiede. In Wirklichkeit gelang es den de facto Herrschenden in allen kommunistischen Ländern jedoch über die gesamte Dauer ihres Bestehens hinweg, den Marxismus-Leninismus zum Zwecke des eigenen Machterhalts zu instrumentalisieren und ihn somit zu pervertieren und zu mißbrauchen.[23] Schließ-lich hatte Marx daran geglaubt, daß sich die Bauern von selbst und aus eigener und freier Einsicht von ihren Unterdrückern befreien würden. Doch Lenin war davon überzeugt, daß das „politische Klassenbewußtsein (...) in den Arbeiter nur von außen hineingetragen werden [könne]"[24]. Dementsprechend entwickelte er die Lehre von der „Partei neuen Typs". Er schuf den Grundsatz, daß nur eine kleine Gruppe von zutiefst klassenbewußten und in die Lehren des Marxismus eingeweihten Wegbereitern über die nötige Einsicht „in den historischen Evolutionsprozeß"[25] verfüge und somit zur

---

[19] Vgl. Todev, Tode; Brazda, Johann: Landwirtschaftliche Produktionsgenossenschaften in
Mittel- und Osteuropa. Vergangenheit - Gegenwart - Zukunft. Göttingen 1994, S. 4.
[20] Vgl. Marx, Karl: Misère de la philosophie. Paris 1946, S. 135.
[21] Vgl. Autorenkollektiv unter der Leitung von Groschoff, Kurt; Heinrich, Richard:
Die Landwirtschaft der DDR. Berlin 1980, S. 50.
[22] Vgl. Immler, Hans: Arbeitsteilung, Kooperation und Wirtschaftssystem.
Eine Untersuchung am Beispiel der Landwirtschaft in der BRD und in der DDR. Berlin 1973, S. 129.
[23] Vgl. Weber, Hermann: Die Instrumentalisierung des Marxismus-Leninismus, in: Arbeitsbereich DDR-
Geschichte im Mannheimer Zentrum für Europäische Sozialforschung der Universität Mannheim (Hg.):
Jahrbuch für Historische Kommunismusforschung. Berlin 1993, S. 160-170, S. 161.
[24] Meyer, Fritjof: Staatsgründer Wladimir Iljitsch Lenin, in: Der Spiegel. Nr. 29/1999, S. 142-149, S. 144.
[25] Rausch, Heinz: Macht und Herrschaft in der DDR, in: Weber, Jürgen: DDR-Bundesrepublik Deutschland.
Beiträge zu einer vergleichenden Analyse ihrer politischen Systeme. München 1980, S. 15-40, S. 24.

„unfehlbaren" Führung der Arbeiterklasse avanciere. Aufgrund dieser Einsicht verfüge diese „Avantgarde" z.B. über eine auf „wissenschaftlichen Grundsätzen" basierende zentralistische Wirtschaftsführung, die jeder anderen denkbaren Wirtschaftsform deut-lich überlegen sein müsse.

Dies ist die auf den Theorien und Vorstellungen der geistigen Väter des Sozialismus basiendere „Legitimation", mit deren Hilfe die kommunistischen Parteien der sozialistischen Länder ihre Macht und ihren Führungsanspruch bis zum Zerfall des Kommunismus in Europa und in der Sowjetunion begründeten.

2. Die Einführung des „stalinistischen Systems" in der Sowjetischen Besatzungszone Deutschlands

Mit der bedingungslosen Kapitulation der Deutschen Wehrmacht endete am 8. bzw. 9. Mai 1945 der Zweite Weltkrieg in Europa. Deutschland wurde in vier Besatzungszonen aufgeteilt und die Siegermächte USA, UdSSR, Großbritannien und Frankreich übernahmen die oberste Regierungsgewalt.[26] Gemäß dem „Potsdamer Abkommen" vom 2. August 1945 verpflichteten sie sich, die gesamte deutsche Bevölkerung einheitlich zu behandeln und gemeinschaftlich die Grundlagen für dauerhaften Frieden und Demokratie zu schaffen.[27] Dieses Ziel der zonenübergreifenden Besatzungspolitik sollte durch einen „Alliierten Kontrollrat" sichergestellt werden.[28] Die UdSSR verstieß jedoch bereits vier Wochen nach Kriegsende gegen das gemeinsame Abkommen, indem sie am 9. Juni 1945 die „Sowjetische Militäradministration für Deutschland" (SMAD) einrichtete, die ausschließlich den sowjetischen Weisungen Folge leistete. Die Entwicklung in der sowjetisch besetzten Zone war dem Einfluß des Kontrollrates somit entzogen. Die deutschen Kommunisten hatten bereits 1944 geplant, Deutschland unter dem Schutz und der Führung Moskaus zu einem „Ableger" des sowjetischen kommunistischen Systems umzugestalten.[29] Das Ziel lag im Aufbau eines

---

[26] Vgl. Franzky, Astrid; Franzky, Hans: Die Enteignungsmaßnahmen auf dem Gebiet der Landwirtschaft
von der Bodenreform bis zur Kollektivierung in der ehemaligen SBZ/DDR. Dokumentation 1991.
Burgwedel, Hannover 1991, im folgenden zitiert als „Franzky, Astrid; Franzky, Hans", S. 1.
[27] Vgl. Bundesministerium für Gesamtdeutsche Fragen (Hg.): Die Enteignungen in der Sowjetischen
Besatzungszone und die Verwaltung des Vermögens von nicht in der Sowjetzone ansässigen Personen.
Bonn 1956, S. 8.
[28] Vgl. Schwerin, Manfred Graf von; Voigt, Dieter: Enteignung - Voraussetzung der kommunistischen
Diktatur der SBZ/DDR, in: Mertens, Lothar; Voigt, Dieter (Hg.): Opfer und Täter im SED-Staat.
Berlin 1998, S. 41-66, im folgenden zitiert als „Schwerin, Manfred Graf von", S. 44.
[29] Vgl. Neubert, Ehrhart: Politische Verbrechen in der DDR, in: Courtois, Stéphane; Werth, Nicolas;
Panné, Jean-Louis u.a.: Das Schwarzbuch des Kommunismus. Unterdrückung, Verbrechen und Terror.
4. Auflage, München 1998, S. 827-884, im folgenden zitiert als
„Neubert, Ehrhart: Politische Verbrechen in der DDR", S. 838.

sowjetisierten deutschen Staates, der als möglicher späterer Bündnispartner eine Bereicherung der UdSSR darstellen sollte.[30] Demzufolge beabsichtigte die Führung der „Kommunistischen Partei Deutschlands" (KPD), die sich bis zum 30. April 1945 im Moskauer Exil befunden hatte und die als erste Partei in der Sowjetischen Besatzungszone (SBZ) mit Hilfe der SMAD zugelassen wurde, alle weiteren sich in der Sowjetzone gründenden Parteien in eine „Einheitsfront", in einen Block „antifaschistisch-demokratischer" Parteien zu integrieren und somit das gesamte politische Spektrum zu kontrollieren.[31] So entstand bereits am 14. Juli 1945 der sogenannte „Antifa-Block", in dem sich unter der Führung der KPD die Parteien SPD, CDU und LDPD (Liberal-demokratische Partei Deutschlands) zusammenschlossen. Mit diesen Blockparteien sollten Bevölkerungsgruppen „gebunden" werden, auf die die KPD als Arbeiterpartei nicht zugreifen konnte. Da die zweite große Arbeiterpartei, die SPD, jedoch auch nach ihrer Einbindung in den „Antifa-Block" immer noch in nicht „ausreichendem Maße" kontrolliert werden konnte, wurde sie am 21./22. April 1946 mit der KPD zwangsvereinigt.[32] Ergebnis dieser Fusion war die „Sozialistische Einheitspartei Deutschlands" (SED). Sie blieb bis zur Wiedervereinigung Deutschlands die politisch dominierende Partei in der SBZ bzw. in der DDR.

Gemäß der marxistisch-leninistischen Ideologie und der stalinistischen Praxis verstand die nun führende SED den Staatsapparat von Anfang an als ein Instrument, das beliebig zum Zwecke der Schaffung sozialistischer Arbeits- und Lebensverhältnisse einzusetzen war.[33] Die ersten Schritte zur Einführung des stalinistischen Herrschaftssystems in der SBZ waren somit also getan,[34] obgleich öffentlich weiterhin die Absicht dementiert wurde, Deutschland in irgendeiner Form das Sowjetsystem aufzwingen zu wollen.[35]

---

[30] Vgl. Judt, Matthias: Deutschlands doppelte Vergangenheit: Die DDR in der deutschen Geschichte, in: Judt, Matthias (Hg.): DDR-Geschichte in Dokumenten. Beschlüsse, Berichte, interne Materialien und Alltagszeugnisse. Bonn 1998, S. 9-24, S. 12.

[31] Vgl. Jessen, Ralph: Partei, Staat und „Bündnispartner": Die Herrschaftsmechanismen der SED-Diktatur, in: Judt, Matthias (Hg.): DDR-Geschichte in Dokumenten. Beschlüsse, Berichte, interne Materialien und Alltagszeugnisse. Bonn 1998, S. 27-43, S. 37.

[32] Vgl. Lehmann, Hans Georg: Deutschland-Chronik 1945 bis 1995. Bonn 1995, S. 34.

[33] Vgl. Wilke, Manfred: Vortrag „Die begrenzte Souveränität der SED und ihres sozialistischen Staates", in: Landtag Mecklenburg-Vorpommern (Hg.): Zur Arbeit der Enquete-Kommission „Leben in der DDR, Leben nach 1989 - Aufarbeitung und Versöhnung." Anträge, Debatten, Berichte. Band 2, Schwerin 1998, S.83-89, S. 87.

[34] Vgl. Neubert, Ehrhart: Geschichte der Opposition in der DDR 1949-1989. 2., durchgesehene und erw. Auflage, Bonn 1997, im folgenden zitiert als „Neubert, Ehrhart: Geschichte der Opposition", S. 35.

[35] Vgl. Autorenkollektiv unter der Leitung von Schöneburg, Karl-Heinz: Errichtung des Arbeiter- und Bauernstaates der DDR 1945-1949. Berlin 1983, S. 17.

Am aussagekräftigsten dürfte in diesem Zusammenhang folgender, von Wolfgang Leonhard überlieferter Ausspruch Ulbrichts sein: „Es ist doch ganz klar: es muß demokratisch aussehen, aber wir müssen alles in der Hand haben.“[36]

3. Die „antifaschistisch-demokratische Bodenreform“ in der Sowjetzone

Trotz der Zerstörungen, die der Zweite Weltkrieg auf dem Gebiet der späteren Sowjetischen Besatzungszone mit sich gebracht hatte, war die allgemeine Ausgangssituation der Landwirtschaft dort nach Kriegsende insgesamt günstiger als die in den westlichen Besatzungszonen.[37] Der erhebliche Zustrom an Flüchtlingen und Vertriebenen aus dem Osten machte es jedoch innerhalb kürzester Zeit erforderlich, Arbeit und Unterkunft für Millionen von Menschen zu schaffen. Um diesen Zielen der Siedlungspolitik und zusätzlich auch der marxistisch-leninistischen Agrartheorie gerecht zu werden, beschloß die „Einheitsfront“ der Blockparteien am 14. Juli 1945 die sofortige Durchführung einer Bodenreform.[38] Das daraufhin eingeleitete Verfahren bestand im wesentlichen aus der entschädigungslosen Enteignung des Bodens sowie des sonstigen Eigentums ehemals aktiver Nationalsozialisten, führender Repräsentanten des nationalsozialistischen Regimes, Kriegsverbrecher und Gutsbesitzer mit mehr als einhundert Hektar (ha) Land.[39] Begründet wurden diese Maßnahmen mit dem Argument, daß Fürsten, Junker, Großgrundbesitzer und Großbauern das Rückgrat des deutschen Militarismus und Nationalsozialismus gewesen seien. So wurden gemäß der Parole „Junkerland in Bauernhand“ etwa 8.000 Familien innerhalb kürzester Zeit radikal enteignet und umgesiedelt.[40] Mitunter wurden diese Menschen auch verschleppt oder inhaftiert.[41] Anschließend wurden bis zum 1. Mai 1949 etwa 2.167.600 Hektar Land an

---

[36] Leonhard, Wolfgang: Die Revolution entläßt ihre Kinder. Köln 1955, S. 365.

[37] Vgl. Henning, Friedrich-Wilhelm: Landwirtschaft und ländliche Gesellschaft in Deutschland. Band 2: 1750 bis 1976. Paderborn 1978, S. 229.

[38] Vgl. Bauerkämper, Arnd: Die Bodenreform in der Sowjetischen Besatzungszone in vergleichender und beziehungsgeschichtlicher Perspektive. Einleitung, in: Bauerkämper, Arnd (Hg.): Junkerland in Bauernhand. Durchführung, Auswirkungen und Stellenwert der Bodenreform in der Sowjetischen Besatzungszone. Stuttgart 1996, S. 7-19, S. 7.

[39] Vgl. Bauerkämper, Arnd: Legitimer Eingriff oder machtpolitisches Diktat? Die Bodenreform in der Sowjetischen Besatzungszone im Rückblick nach fünfzig Jahren, in: Potsdamer Bulletin für Zeithistorische Studien. Heft 5, 1995, S. 64-69, S. 64.

[40] Vgl. Schwerin, Manfred Graf von, S. 51.

[41] Vgl. Becker, Heinrich: Dörfer heute. Ländliche Lebensverhältnisse im Wandel. 1952, 1972 und 1993/95. Bonn 1997, im folgenden zitiert als „Becker, Heinrich“, S. 197.

544.000 Empfänger verteilt, wobei über 210.000 Neubauernstellen geschaffen wurden.[42] Außerdem wurde ein Teil des Bodens für Mustergüter bereitgestellt, den sogenannten Volkseigenen Gütern (VEG) bzw. Volkseigenen Betrieben (VEB). Die VEG hatten die Aufgabe, die bäuerlichen Betriebe mit Saatgut und Zuchtvieh zu versorgen und dabei die Überlegenheit der „sozialistischen Wirtschaftsweise" (Planwirtschaft, zentrale Versorgung mit Produktionsmitteln etc.) unter Beweis zu stellen und somit eine gewisse Vorbildfunktion für die privatwirtschaftlich tätigen Landwirte zu erfüllen.

Der beschlagnahmte Grund und Boden kam in einen Bodenfonds, aus dem anschließend Landarbeitern, landlosen Bauern sowie Flüchtlingen oder Vertriebenen einzelne Parzellen zugewiesen wurden. Die Größe der zugewiesenen Grundstücke schwankte zwischen 5 und 10 Hektar. Sie waren unverkäuflich, nicht teilbar, pfändbar und auch nicht zu verpachten oder zu vererben. Daher war das Bodenreformland weder privates, noch persönliches Eigentum, sondern im Grunde reines „Arbeitseigentum", das den Neubauern einzig und allein zur Bewirtschaftung zur Verfügung gestellt wurde. Die Bauern waren folglich von Anfang an Landarbeiter auf einem Grund und Boden, über den sie nicht verfügen durften.[43] Die aus Moskau ferngelenkte Führung der SBZ hatte ihre Ziele erreicht: Die einstige Macht der Gutsbesitzer war gebrochen, die Versorgung der Zonenbevölkerung mit Nahrungsmitteln gesichert und eine Vielzahl von obdach- und arbeitslosen Flüchtlingen und Vertriebenen gesellschaftlich integriert.[44] Außerdem konnte sich die KPD fortan als Vertreter kleinbäuerlicher Interessen gebärden. Doch sowohl die Alt- als auch die Neubauern blieben mißtrauisch. Schließlich hatte die KPdSU kaum zwei Jahrzehnte zuvor im Zuge der Kollektivierung der Landwirtschaft einen regelrechten Krieg gegen die eigene Bevölkerung geführt, der Millionen sowjetischer Bauern das Leben gekostet hatte. Die politische Führung der SBZ bemühte sich natürlich, Gerüchte oder Prophezeiungen dieser Art mit allen Mitteln zu entkräften: „Auch die von den Feinden der Bodenreform oft kolportierte Behauptung, daß die KPD eine Kollektivierung der Bauernwirtschaften herbeiführen will, entbehrt jeder

---

[42] Vgl. Kaapke, Jürgen: In der späteren DDR, in: Bauernverband der Vertriebenen e.V., Bonn; Agrarsoziale Gesellschaft e.V., Göttingen (Hg.): Die Vertreibung der ostdeutschen Bauern und ihre Eingliederung. Göttingen 1995, S. 29-31, im folgenden zitiert als „Kaapke, Jürgen", S. 30.

[43] Vgl. Pätzold, Horst: Zersetzungsmaßnahmen im Zuge der Kollektivierung der Landwirtschaft, in: Landtag Mecklenburg-Vorpommern (Hg.): Zur Arbeit der Enquete-Kommission „Leben in der DDR, Leben nach 1989 - Aufarbeitung und Versöhnung." Anträge, Debatten, Berichte. Band 5, Schwerin 1998, S. 163-200, im folgenden zitiert als „Pätzold, Horst: Zersetzungsmaßnahmen im Zuge der Kollektivierung", S. 167.

[44] Vgl. Bauerkämper, Arnd: Die Neubauern in der SBZ/DDR 1945-1952. Bodenreform und politisch induzierter Wandel der ländlichen Gesellschaft, in: Bessel, Richard; Jessen, Ralph (Hg.): Die Grenzen der Diktatur. Staat und Gesellschaft in der DDR. Göttingen 1996, S. 108-136, S. 127.

Grundlage."[45] Und dennoch befürchteten weite Teile der Bauernschaft, daß es eines Tages zu einer solchen „zweiten Bodenreform" kommen würde.

4. Der systematische Machtausbau der SED
und ihre Reorganisation zur „Partei neuen Typus"

Die aus der Zwangsfusion von KPD und SPD hervorgegangene SED hatte als vorherrschende Partei des „antifaschistisch-demokratischen Blocks" bereits im Sommer 1946 durch die Unterstützung der SMAD faktisch die politische Führung der Sowjetischen Besatzungszone übernommen. Einfluß und „Zugriff" der Partei auf die verschiedenen Bevölkerungsschichten hielten sich jedoch zunächst noch in Grenzen. Deshalb bemächtigte sich die SED daraufhin der „Vereinigung der gegenseitigen Bauernhilfe" (VdgB). Die VdgB war im Verlauf der Bodenreform aus Hilfskomitees der Bauern hervorgegangen und sollte als bäuerliche Massenorganisation in erster Linie eine wirkungsvolle ökonomische Hilfestellung beim Aufbau der Landwirtschaft leisten. Seit dem Herbst 1946 bildeten die VdgB spezielle Stationen, an denen von den Bauern Maschinen entliehen werden konnten, die sogenannten „Maschinen-Ausleih-Stationen" (MAS). Alle ländlichen Genossenschaften und die VdgB mußten den MAS sämtliche Traktoren, Maschinen, Geräte und Werkstätten zur Verfügung stellen. Der Verkauf von landwirtschaftlichen Großmaschinen an Privatpersonen wurde verboten. Ferner wurde das in den Volkseigenen Betrieben erzeugte Saatgut sowie die Düngemittel und Brennstoffe aus-schließlich über die VdgB und die MAS verteilt.[46] Da aber in den Führungsposition der VdgB und den MAS viele Gefolgsleute der SED saßen und die Bauern von der „Maschinenzeit" der MAS abhängig waren, stellten diese Organisationen ein wirksames politisches Instrument in den Händen der Staatsführung dar. Mit anderen Worten waren sie ebenso wie die späteren „staatlich-sozialistischen" Maschinen-Traktoren-Stationen (MTS) „der verlängerte Arm der SED" auf dem Lande.[47]

Um den trotz der Blockpolitik verbliebenen Einfluß der letzten „bürgerlichen" Parteien CDU und LDPD nochmals nachhaltig zu schwächen, riefen die SMAD und die SED im ersten Halbjahr 1948 zwei weitere von SED-Kadern kontrollierte Konkurrenzparteien ins Leben: die „Demokratische Bauernpartei" (DBD) und die National-Demokratische Partei Deutschlands (NDPD). Diese Parteien sollten vor allem kleinere und mittlere Bauern sowie die einstigen Reichswehrsoldaten und NSDAP-Mitglieder in den „unsichtbaren Einflußbereich" der SED

---

[45] Pieck, Wilhelm: Junkerland in Bauernhand. Berlin 1955, S. 3.
[46] Vgl. Deutscher Bundestag: Drucksache Nr. 4303: Schriftlicher Bericht des Ausschusses für gesamt-deutsche Fragen: Zwangsmaßnahmen gegen den Bauernstand in der sowjetischen Besatzungszone. 1. Wahlperiode, Bonn 1953, S. 2.
[47] Vgl. Bundesministerium für Gesamtdeutsche Fragen (Hg.): Die Sowjetisierung der Landwirtschaft in der Sowjetzone. Bonn, Berlin, o.J., S. 15.

und somit der Staatsführung bringen. Gemeinsam mit dem der SED ohnehin treu ergebenen „Freien Deutschen Gewerkschaftsbund" (FDGB) wurden diese Parteien kurz nach ihrer Gründung in den „Antifa-Block" aufgenommen, der sich im Sommer 1949 in „Demokratischer Block der Parteien und Massenorganisationen" umbenannte. Weitere „verlängerte Arme" der SED waren „demokratische Massenorganisationen" wie der „Demokratische Frauenbund" (DFD), die „Freie Deutsche Jugend" (FDJ) und der bereits erwähnte FDGB - um nur einige wenige zu nennen. Obgleich die Mitgliedschaft in diesen Organisationen prinzipiell freiwillig war, zog jegliches Fernbleiben mitunter schwerwiegende Benachteiligungen nach sich. Als Beispiel war die Mitgliedschaft in der FDJ zwingende Voraussetzungen der Zulassung zum Studium.

Neben dieser „Unterwanderung" gesellschaftlicher Organisationen war die SED aber auch bestrebt, sich die zur Schaffung eines totalitären Systems nötige Kontrolle der Staatsgewalten anzueignen - allen voran die der Justiz. Daher begann man bereits 1946 mit der Ausbildung von Volksrichtern in einem derartigen Umfang, daß zu Beginn der 50er Jahre 58,1% aller Richter und 73,9 aller Staatsanwälte diesen Nachkriegsschulungen entstammten und folglich regimetreu unterrichtet worden waren.[48] Nachdem die Staatsanwaltschaften unmittelbar dem Ministerrat unterstellt und obendrein die einstige Justizhoheit der einzelnen Länder abgeschafft worden war, hatte die SED ihr Ziel erreicht.[49] Die uneingeschränkte Verfügungsgewalt über Polizei und Justiz war errungen und diente fortan in erster Linie dem Machterhalt der SED als herrschender Partei.

An der Spitze von Partei und Staat stand bis zum Jahre 1971 der Generalsekretär des Zentralkomitees Walter Ulbricht. Unter seiner Führung erfolgte die Abkehr von der „Sonderwegtheorie", also von dem bis 1948 beschrittenen besonderen deutschen Weg zum Sozialismus. Er initiierte die Umgestaltung der SED zu einer „Partei neuen Typus" gemäß dem sowjetischen Vorbild der KPdSU. Sie wurde zu einer Kader- und Kampfpartei umfunktioniert, die vorgab, als Vorhut der Arbeiterklasse zu fungieren und somit gemäß der marxistisch-leninistischen Ideologie das totale Herrschaftsmonopol rechtmäßig innezuhaben. In der Partei wurde der „demokratische Zentralismus", also das Prinzip der „freiwilligen" und straff disziplinierten Unterordnung aller nachgeordneten Parteiorgane und sonstigen Organisationen unter die Führung des Zentralkomitees eingeführt. Die spezifischen Aspekte dieses

---

[48] Vgl. Pätzold, Horst: Zersetzungsmaßnahmen im Zuge der Kollektivierung, S. 185.
[49] Vgl. Braun, Johannes: Volk und Kirche in der Dämmerung. Ein Einblick in die vier Jahrzehnte des Sozialismus in der DDR. Leipzig 1992, S. 10.

Organisations- und Führungsprinzips wie die Unterordnung der Minderheit unter die Mehrheit, das Verbot jeglicher Fraktionsbildung sowie das Prinzip von Kritik und Selbstkritik stellten einen weiteren Schritt auf dem Weg zur Schaffung eines stalinisierten Satellitenstaates der Sowjetunion dar.[50] Des weiteren waren es ausnahmslos staatliche Stellen, denen die Lenkung und Koordinierung sämtlicher wirtschaftlicher Prozesse oblag. Fixiert wurden die zu erreichenden Produktionsziele, geplant wurde der Einsatz der Produktionsfaktoren, vorherbestimmt wurde die Verwendung der Produktion und die Verteilung des Einkommens. Grundlegende Vorbedingung dieser zentralen Planwirtschaft war zwangsläufig die Abschaffung jeglichen privaten Eigentums an den Produktionsmitteln.

Mit dem Inkrafttreten der ostdeutschen Verfassung vom 3. Oktober 1949 wandelte sich die Sowjetische Besatzungszone in den zweiten Deutschen Teilstaat, in die „Deutsche Demokratische Republik" (DDR). Mit der staatsrechtlichen Spaltung des Landes in eine Bundes- und eine „Demokratische Republik" und der in der ehemaligen Sowjetzone abgeschlossenen „antifaschistisch-demokratischen Umwälzung" mit ihren tiefgreifenden gesellschaftlichen und ökonomischen Veränderungen, hatten sich die beiden Teile Deutschlands bereits fünf Jahre nach dem Ende des Krieges politisch, ideologisch und kulturell weit von einander entfernt.[51]

5. Der „Klassenkampf" gegen die Großbauern

Nach der Bodenreform begann im Jahre 1948 die zweite Phase der SED-Agrarpolitik: der Kampf gegen die „Klasse der Großbauern". Als Großbauern galten jene Landwirte, die zwischen 20 und 100 Hektar Landwirtschaftliche Nutzfläche (LN) ihr Eigen nannten. Ulbricht lies verlauten, daß „besonders brutale Elemente der Großbauern Anweisungen der amerikanischen und englischen Feinde unseres Volkes durchgeführt und den Anbauplan und die Ablieferung sabotiert"[52] und somit die Versorgungskrise, die 1947/48 in der SBZ ausgebrochen war, mit Absicht herbeigeführt hätten. Daraufhin wurden die Ablieferungsnormen für bäuerliche Betriebe mit großen Landflächen zum 1. Januar 1949 drastisch erhöht. Im Falle der Nichterfüllung drohte eine Anklage wegen „Sabotage", „Wirtschaftsvergehen" oder „Devastierung", die in der Regel harte Strafen nach sich zog. Großbetriebe wurden hinsichtlich der Belieferung mit Maschinen, Düngemitteln und dem

---

[50] Vgl. Schroeder, Klaus: Der SED-Staat. Geschichte und Strukturen der DDR. München 1988, S. 59.
[51] Vgl. Huinink, Johannes; Mayer, Karl Ulrich: Einleitung, in: Huinink, Johannes; Mayer, Karl Ulrich; Diewald, Martin u.a. (Hg.): Kollektiv und Eigensinn. Lebensverläufe in der DDR und danach. Berlin 1995, S. 7-24, S. 15.
[52] Krebs, Christian, S. 158.

nötigen Saatgut systematisch vernachlässigt, von den „Volkseigenen Erfassungs- und Aufkaufbetrieben" (VEAB) jedoch um so genauer kontrolliert. Mit den VEAB hatte die SED eine weitere Institution zur Kontrolle der Bauernschaft ins Leben gerufen, da fortan nur noch von ihr landwirtschaftliche Erzeugnisse aufgekauft werden durften. Da die Bauern für den Pflichtablieferungsanteil aber nur den „Erfassungspreis" erhielten, für die darüber hinaus produzierten Erzeugnisse jedoch den weitaus höheren „Aufkaufpreis", stellte eine Übererfüllung des Solls eine wichtige Einnahmequelle für die landwirtschaftlichen Betriebe dar.[53] Durch die staatlich regulierte Preispolitik wurde die VEAB also zu einem Instrument, das der SED im Kampf gegen die Großbauern von Nutzen war.[54] Und falls auch bei genauester Prüfung keine Anzeichen von Wirtschaftssabotage zu finden waren, dann wurden sie nicht eben selten fingiert.[55]

Das Ziel, das die SED mit ihrer Agrarpolitik verfolgte, lag in der Herbeiführung einer Klassenspaltung auf dem Dorf. Das auf vielfältige Weise in Abhängigkeit gebrachte Kleinbauerntum sollte die Mittel- und Großbauern als „Klassenfeind" begreifen lernen und sich in Abwehr jeglicher ausbeuterischer Tendenzen eng mit der SED verbün-den.[56] Gemäß der stalinschen These der „gesetzmäßigen Verschärfung des Klassenkampfes" wurde gegen die Besitzer von mehr als 20 Hektar Land mit allen Mitteln vorgegangen. Die Motive der Staatsführung dürften in der aufrichtigen Überzeugung gelegen haben, den einzig richtigen Weg zum sozialistischen Staatswesen zu beschreiten. Neben diesen ideologischen Momenten spielten aber sicherlich auch politische Erwägungen eine nicht zu vernachlässigende Rolle. Die wirtschaftsstarken Großbauern hatten nämlich von jeher die führende und mächtigste Schicht auf dem Land gebildet, und waren den sozialistischen Machthabern somit aufgrund ihrer traditionellen gesellschaftlichen Stellung ein Hindernis auf dem Weg zur totalen Kontrolle.[57] Die Folge dieser forcierten gesellschaftlichen Differenzierung auf dem Dorf war eine sprunghaft angestiegene Fluchtbewegung gen Westen. Die Aufgabe von landwirtschaftlichen Betrieben war bald keine Besonderheit mehr und die nicht mehr bewirtschaftete weil herrenlose

---

[53] Vgl. Deutscher Bauernverband e.V. (Hg.): Agrarpolitik in der DDR. Ziele, Methoden, Ergebnisse. Bonn 1978, S. 12.
[54] Vgl. Horz, Gerhard: Die Kollektivierung der Landwirtschaft in der Sowjetischen Besatzungszone Deutschlands unter besonderer Berücksichtigung des sowjetischen Vorbildes. Ziele - Methoden - Wirkungen. Berlin 1961, S. 88.
[55] Vgl. Osmond, Jonathan: Kontinuität und Konflikt in der Landwirtschaft der SBZ/DDR zur Zeit der Bodenreform und der Vergenossenschaftlichung, 1945-1961, in: Bessel, Richard; Jessen, Ralph (Hg.): Die Grenzen der Diktatur. Staat und Gesellschaft in der DDR. Göttingen 1996, S. 137-169, im folgenden zitiert als „Osmond, Jonathan", S. 149.
[56] Vgl. Bundesministerium für Gesamtdeutsche Fragen (Hg.): Die Zwangskollektivierung des selbständigen Bauernstandes in Mitteldeutschland. Bonn, Berlin 1960, im folgenden zitiert als „BMGF: Die Zwangskollektivierung", S. 23.
[57] Vgl. Pätzold, Horst: Zersetzungsmaßnahmen im Zuge der Kollektivierung, S. 180.

landwirtschaftliche Nutzfläche mehrte sich.[58] Ende 1952 waren bereits 13 Prozent der LN devastiert, also verlassen und verödet.[59] Insgesamt fehlten über 10.000 mittlere und große Bauernwirtschaften.[60] Die drangsalierten Bauern hatten keine Wahl: Entweder sie flüchteten in den Westen oder sie wurden früher oder später aufgrund nicht erfüllter Ablieferungsnormen ohnehin vom Hof verjagt. Im Bewußtsein dieser hoffnungslosen Lage vergifteten viele Bauern ihr Vieh, ließen ihre Höfe und manchmal auch die Scheunen der verantwortlichen Parteifunktionäre niederbrennen und flohen aus ihrer Heimat.[61]

Um einer Ausweitung der Versorgungskrise entgegenzutreten, arbeitete das Ministerium für Land- und Forstwirtschaft der DDR eine „Verordnung der Regierung der DDR über nichtbewirtschaftete Nutzflächen" aus, die am 8. Februar 1951 erlassen wurde. Das herrenlose Land sollte gemäß dieser Verordnung (VO) zur Schaffung von Neubauernstellen verwandt oder anderen Bauernwirtschaften zugeteilt werden. Am 21. Juni folgte schließlich eine VO, mit der jede Aufgabe einer Bodenwirtschaft ohne behördliche Genehmigung für unzulässig erklärt wurde. Zur gleichen Zeit wurden erstmals all jene Bauernwirtschaften erfaßt, die hoch verschuldet und mit den Ablieferungen im Rückstand waren, die baldige Flucht der Bewirtschafter also zu erwarten war.[62] Dieser Erhebung folgte schließlich am 20. März 1952 eine weitere Verordnung, die die Enteignung bereits devastierter oder auch schlecht bewirtschafteter Betriebe und deren Überführung in die Treuhandschaft der Gemeinden oder Kreise vor-schrieb.[63] Die VO vom 17. Juli 1952 zur „Sicherung von Vermögenswerten" ermöglichte es den Behörden obendrein, auch das Geldvermögen der geflüchteten Personen einzuziehen. Ferner wurde im Februar 1953 eine „Verordnung zur Sicherung der landwirtschaftlichen Produktion und der Versorgung der Bevölkerung" erlassen. Bauern, die gegen die Bestimmungen der ordnungsgemäßen Bewirtschaftung verstoßen hatten, wurde es nicht länger gestattet, ihre Betriebe selbst zu verwalten. In den meisten Fällen mußten sie ihre Grundstücke und Häuser sogar verlassen. Im September 1953 wurden die devastierten und zwangsenteigneten Höfe gemäß einer weiteren VO schließlich zu „Örtlichen

---

[58] Vgl. Bundesministerium für Ernährung, Landwirtschaft und Forsten (Hg.):
Enteignungen in der Landwirtschaft der DDR nach 1949 und deren politische Hintergründe.
Münster-Hiltrup 1992, S. 16.
[59] Vgl. Kleßmann, Christoph: Die doppelte Staatsgründung. Deutsche Geschichte 1945-1955.
5., überarbeitete und erweiterte Auflage, Bonn 1991, S. 264.
[60] Vgl. Kramer, Matthias: Die Landwirtschaft in der Sowjetischen Besatzungszone. Die Entwicklung in
den Jahren 1945-1955. Textteil. Bonn 1957, im folgenden zitiert als „Kramer, Matthias", S. 24.
[61] Vgl. Krebs, Christian, S. 149.
[62] Vgl. Nehrig, Christel: Zur sozialen Entwicklung der Bauern in der DDR 1945-1960, in:
Zeitschrift für Agrargeschichte und Agrarsoziologie. Jg. 41, Heft 1, 1993, S. 66-76, S. 71.
[63] Vgl. Philippi, Jürgen: Die Agitation und Propaganda des „Bauern-Echo" im Prozeß der
landwirtschaftlichen Kollektivierung in der DDR. Eine computerunterstützte Inhaltsanalyse
ausgewählter Zeitungsartikel. Bonn 1998, S. 30.

Landwirtschaftsbetrieben" (ÖLB) zusammengefaßt, die im Auftrag der Räte der Kreise zu bewirtschaften waren.

Der 1948 begonnene „Klassenkampf auf dem Dorfe" war also nahtlos in die Schaffung gesetzlicher Grundlagen der Enteignung unliebsamer Elemente in der Landwirtschaft übergegangen und bildete somit die Basis für den Aufbau des Sozialismus auf dem Lande, der im Juli 1952 mit der II. Parteikonferenz der SED eingeleitet werden sollte.

<u>6. Die II. Parteikonferenz der SED und ihr Beschluß zum</u>
<u>„Aufbau des Sozialismus" auf dem Lande</u>

Obgleich Ministerpräsident Grotewohl noch am 15. November 1950 im Namen der Regierung öffentlich erklärt hatte, daß es als „vollständig unbegründet und falsch bezeichnet werden [muß], daß die Regierung der Deutschen Demokratischen Republik die Absicht habe, nach den Wahlen Maßnahmen zur Durchführung der Kollektivierung in der Landwirtschaft zu ergreifen"[64], entschied sich die SED auf ihrer II. Parteikonferenz vom 9. bis 12. Juli 1952 in Berlin, unverzüglich mit dem „Aufbau des Sozialismus" in der Landwirtschaft zu beginnen. Demzufolge sollten die einzelnen privaten Bauernwirtschaften in sogenannte „Landwirtschaftliche Produktionsgenossenschaften" überführt und somit in genossenschaftliches Eigentum umgewandelt und nach sowjetischem Vorbild in kollektiver Form bewirtschaftet werden. Das sozialistische Eigentum an den Produktionsmitteln sollte fortan also in zwei Betriebsformen bestehen: den staatlichen Volkseigenen Gütern und den genossenschaftlichen LPGen.[65]

Versuche genossenschaftlicher Bewirtschaftung hatte es schon lange vor der II. Parteikonferenz gegeben, die erste „Landwirtschaftliche Produktionsgenossenschaft" wurde jedoch erst am 8. Juni 1952 in Merxleben gegründet. Die Statuten, die sich diese LPG in Absprache mit führenden Funktionären der SED gegeben hatte, wurden von der „I. Konferenz der Vorsitzenden und Aktivisten der Landwirtschaftlichen Produktionsgenossenschaften" als Musterstatuten für die LPGen festgelegt. Außerdem wurden diese den sowjetischen Kolchos-Statuten auffällig ähnlichen Paragraphen im „Gesetzblatt der DDR" (Nr. 181 vom 30.12.1952) veröffentlicht. Der auf der II. Parteikonferenz ausgerufene Grundsatz der unbedingten freien Selbstbestimmung der Genossenschaftsbauern wurde angesichts dieser verbindlichen Vorschriften also ebenso schnell untergraben, wie die angebliche Freiwilligkeit des Beitritts

---

[64] Tägliche Rundschau v. 16.11.1950, ohne Titel.
[65] Vgl. Ahrends, Klaus; Hoell, Günter: Die Agrarverhältnisse im Sozialismus.
   3., vollständig überarbeitete Auflage, Berlin 1989, S. 6f.

oder der Gründung von LPGen. Die Kollektivierung sollte sich fortan ebenso wie jene in der UdSSR nur unter Anwendung unnachgiebigen Zwangs vollziehen.

Als Begründung der radikalen Abkehr von der einzelbäuerlichen zur genossenschaftlichen Landbewirtschaftung gab die SED vor, auf den dringenden Wunsch der Landbevölkerung hin zu handeln: „In Übereinstimmung mit den Vorschlägen (...) aus der werktätigen Bauernschaft (...) hat das Zentralkomitee der Sozialistischen Einheitspartei Deutschlands beschlossen, der II. Parteikonferenz vorzuschlagen, daß in der Deutschen Demokratischen Republik der Sozialismus planmäßig aufgebaut wird"[66]. Außerdem sei es wegen der unvermeidlichen „Verschärfung des Klassenkampfes" nun geboten, überkommene bürgerliche Ideologien zu überwinden. Durch die Bildung der neuen Klasse der Genossenschaftsbauern müsse die Macht der Arbeiter und Bauern gestärkt und der Widerspruch eines sozialistischen Sektors in der Industrie und einer immer noch individualistischen Warenproduktion auf dem Lande beseitigt werden. Dies alles könne aber nur unter der Führung der marxistisch-leninistischen Vorhut der Arbeiterklasse, also der SED, erreicht werden. Ob und inwieweit diese von der SED verbreiteten Begründungsansätze von ihr selbst ernst genommen wurden, läßt sich nur schwerlich nachvollziehen bzw. belegen. Sicher scheint jedoch, daß mit der Vergenossenschaftlichung des bäuerlichen Grund und Bodens eine „Entwurzelung" im wahrsten Sinne des Wortes vollzogen wurde, die dem Ziel einer tiefgreifenden ideologischen Umerziehung zugunsten einer besseren Einflußnahme nicht abträglich sein konnte.[67] Offiziell jedoch sollten die Lebens- und Produktionsverhältnisse in der DDR so attraktiv werden, daß die westdeutsche Bevölkerung „vor Neid erblassen" und den Sturz des „Atomkriegskanzlers Adenauer" herbeiführen würde. Die Einheit Deutschlands durch das wirtschaftliche Unterliegen der Bundesrepublik zu erzielen und auf diese Weise das ganze Land zu einem sozialistischen Staatswesen umgestalten zu können, war das Traumziel, das die SED-Spitze mit dem Aufbau des Sozialismus in der DDR zu erlangen suchte.[68]

---

[66] Ulbricht, Walter: Referat: Die gegenwärtige Lage und die neuen Aufgaben der SED, in:
Protokoll der Verhandlungen der II. Parteikonferenz der Sozialistischen Einheitspartei Deutschlands
9. bis 12. Juli 1952 in der Werner-Seelenbinder-Halle zu Berlin. Berlin 1952, S. 20-161, S. 58.
[67] Vgl. Pätzold, Horst: Mittel und Methoden zur Durchsetzung der Kollektivierung der
Landwirtschaft, in: Landtag Mecklenburg-Vorpommern (Hg.): Zur Arbeit der Enquete-
Kommission „Leben in der DDR, Leben nach 1989 - Aufarbeitung und Versöhnung."
Anträge, Debatten, Berichte. Band 2, Schwerin 1998, S. 253-258, im folgenden zitiert als
„Pätzold, Horst: Mittel und Methoden zur Durchsetzung der Kollektivierung", S. 257.
[68] Vgl. Hoffmann, Dierk; Schmidt, Karl-Heinz; Skyba, Peter (Hg.): Die DDR vor dem Mauerbau.
Dokumente zur Geschichte des anderen deutschen Staates 1949-1961. München 1993,
im folgenden zitiert als „Hoffmann, Dierk u.a.: Die DDR vor dem Mauerbau", S. 113.

Doch das gewichtigste Motiv für die so plötzliche, geradezu überstürzte Umwandlung der Eigentums- und Produktionsverhältnisse mitten im ersten Fünfjahrplan wird wohl die Sorge um den Erhalt der eigenen Machtposition gewesen sein. Bis 1952 hatte die SED-Führung nämlich davon ausgehen können, von der Sowjetunion in jeder Form unterstützt und gedeckt zu werden. Doch als die Moskauer Führung erkannte, daß aufgrund der westlichen Wirtschafts- und Bündnispolitik der Bundesrepublik eine Ausbreitung sozialistischer Verhältnisse und somit eine weitere Verstärkung des sowjetischen Schutzwalles nicht mehr zu erwarten war, entschied sich Stalin, Westdeutschland eine unverzügliche Wiedervereinigung, einen Friedensvertrag sowie gesamtdeutsche freie Wahlen anzubieten (Stalin-Note). Die DDR-Führung war schockiert. Schließlich war Stalin offenkundig dazu bereit, das kommunistische Regime im Osten Deutschlands zugunsten höherer politischer Ziele ohne weiteres fallen zu lassen.[69] Um einem solchen Umsturz zu entgehen, forcierte die SED-Führung eine derartig tiefgreifende Umwälzung der gesellschaftlichen und wirtschaftlichen Verhältnisse im eigenen Land, daß eine künftige Wiedervereinigung angesichts dieses fait accompli nur noch unter Wahrung sozialistischer Verhältnisse durchgeführt werden konnte. Diese ohne Berücksichtigung der Bevölkerung initiierten wirtschaftlichen und sozialen Veränderungen ließen schließlich auch die letzten Reste von Vertrauen und Loyalität der Menschen rasch schwinden. Die Mehrzahl der Bürger empfand die nun einsetzende „zweite Bodenreform" als schwerwiegenden Wortbruch.

7. Die Landwirtschaftlichen Produktionsgenossenschaften

Den Theorien Lenins vom stufenweisen Übergang zu höheren Formen der Genossenschaften folgend, entstanden nach der II. Parteikonferenz der SED drei Typen landwirtschaftlicher Produktionsgenossenschaften. Im Typ I wurden nur Ackerland, Grünland und Wald gemeinschaftlich bearbeitet. Produktionsmittel und Nutzvieh blieben im individuellen Besitz. Im zweiten Typ mußten auch Maschinen und Geräte in die Genossenschaft eingebracht werden. Der Typ III schließlich erforderte die völlige Vergenossenschaftlichung des gesamten Besitzes, der de facto voll und ganz in das Eigentum der Genossenschaft überging. Nur jene Produktionsmittel, die zur Bewirtschaftung der persönlichen Hauswirtschaft, einem 0,5 ha großen Stück Land samt einiger weniger Tiere, unbedingt benötigt waren, durften im privaten Besitz der Bauern verbleiben.[70] Mit diesen persönlichen Hauswirtschaften sollte den LPG-

---

[69] Vgl. Heitzer, Heinz: Entscheidungen im Vorfeld der 2. Parteikonferenz der SED, in: Beiträge zur Geschichte der Arbeiterbewegung. Jg. 34, Heft 4, 1992, S. 18-32, S. 28f.
[70] Vgl. Merkel, Konrad; Schuhans, Eduard: Die Agrarwirtschaft in Mitteldeutschland. „Sozialisierung" und Produktionsergebnisse. Bonn, Berlin 1960, S. 75.

Bauern die Möglichkeit gegeben werden, sich vor allem in der ersten Phase der Eingewöhnung in die neue Gemeinschaft selbst versorgen zu können, ohne der LPG zusätzliche Kosten zu verursachen.[71] Beim Eintritt in die LPG mußte ein Inventarbeitrag geleistet werden, dessen Höhe mindestens 500,- DM (Ost) zu betragen hatte. Mit anderen Worten mußte das neuaufzunehmende Mitglied für die Aufnahme in die LPG bezahlen. Formal blieb das in die Genossenschaften eingebrachte Land zwar Eigentum der Bauern, doch die LPG erhielt das volle Nutzungsrecht an dem vergesellschaftlichten Grund und Boden. Den Mitgliedern gehörten ihre Parzellen de jure zwar, de facto konnten sie jedoch nicht mehr darüber verfügen. Obendrein wurde durch die Beseitigung der kennzeichnenden Grenzsteine die genaue Zuordnung der einstigen Flächen ebenso unmöglich gemacht, wie der Austritt aus der LPG und die Rückforderung des einstigen individuellen Besitzes.[72] Ergo bedeutete der Eintritt in eine Produktionsgenossenschaft den völligen Verlust der Verfügungsgewalt über den gesamten persönlichen Besitz.[73] Im Arbeiter- und Bauernstaat waren die Bauern, die dem Aufruf der SED zum Aufbau des Sozialismus auf dem Land gefolgt waren, trotz aller gegenteiligen Versprechungen eigentumslos geworden.

In den meisten Fällen war die freiwillige Gründung von LPGen nichts anderes als eine Art Notgemeinschaft, mit der wirtschaftlich schwache Bauern ihre Existenz zu sichern versuchten. Die SED unterstützte die Bildung von LPGen mit einer Reihe von Vergünstigungen wie z.B. bevorzugten MTS-Einsätzen zu niedrigen Tarifen, verringerten Ablieferungspflichten sowie erheblichen Steuerermäßigungen. Im Gegenzug wurden die Bedingungen der weiterhin individuell wirtschaftenden Bauern verschärft. Die Ablieferungssolle wurden erhöht, landwirtschaftliche Großmaschinen kaum noch zur Verfügung gestellt, Steuerschulden rigoros eingetrieben. Doch trotz des massiven wirtschaftlichen und auch politischen Drucks, den die SED nach der II. Parteikonferenz auf die Einzel- und die Großbauern auszuüben begann, wurden bis Ende des Jahres 1952 nur 1.906 LPGen mit 37.000 Mitgliedern aus ehemals 22.000 bäuerlichen Wirtschaften gebildet.[74] Die SED sah sich genötigt, den Aufbau des Sozialismus auf dem Lande mit allen Mitteln zu forcieren.

---

[71] Vgl. Schinke, Eberhard: Der Anteil der privaten Landwirtschaft an der Agrarproduktion
in den RGW-Ländern. Berlin 1983, S. 12.
[72] Vgl. Habermann, Heinz: Sowjetzone ohne Bauern. Das Monopol der Produktionsgenossenschaften
wird erzwungen, in: Der Volkswirt. Band 15/2, Heft 18, 1961, S. 772-776, S. 774.
[73] Vgl. Buss, Franz: Die Struktur und Funktion der landwirtschaftlichen Genossenschaften im
Gesellschafts- und Wirtschaftssystem der sowjetischen Besatzungszone Deutschlands.
Marburg/Lahn 1965, S. 17.
[74] Vgl. Kuntsche, Siegfried: Die Umgestaltung der Eigentumsverhältnisse und der Produktionsstruktur in der Landwirtschaft, in: Keller, Dietmar; Modrow, Hans; Wolf, Herbert (Hg.):
Ansichten zur Geschichte der DDR. Band 1, Bonn, Berlin 1993, S. 191-210, S. 199.

8. Die Interdependenz von Fluchtbewegung, Wirtschaftskrise,
 Normerhöhungen und Volksaufstand

Bereits wenige Monate nach der II. Parteikonferenz erkannte die Partei- und Staatsführung, daß die wirtschaftliche Entwicklung hinter den übersteigerten Erwartungen zurückzubleiben begann. Trotz der gebotenen Vergünstigungen traten nur wenige Einzelbauern in die LPGen ein. Infolgedessen erhöhte die Regierung die Steuersätze für Einzel- und Großbauern ein weiteres Mal, verringerte die Bereitstellung von Krediten und trieb vorhandene Abgabenrückstände rücksichtslos ein. Die Erfassungs- und Aufkaufpläne wurden drastisch erhöht und die Nichterfüllung der vorgeschriebenen Ablieferungsmengen als „Wirtschaftsverbrechen" hart bestraft. Die Zahl der in diesem Sinne straffällig gewordenen Bauern stieg in den ersten zwölf Monaten nach der II. Parteikonferenz im Vergleich zum Vorjahr um etwa 30.000 Personen an.[75] Um dem Ruin und der drohenden Verhaftung zu entgehen, gaben im gleichen Zeitraum etwa 97.000 weitere Bauern ihre Wirtschaften mit einer gesamten LN von etwa 1.286.600 ha auf und flohen in den Westen.[76] Als direkte Folge brach im Herbst 1952 abermals eine Versorgungskrise aus. Um der schwierigen Lage dennoch Herr zu werden, beschloß die Regierung am 15. Mai 1953, die für die Produktion entscheidenden Arbeitsnormen um mindestens 10% zu erhöhen. Die Bevölkerung reagierte empört. Kurz darauf wurden Ulbricht und Grotewohl nach Moskau bestellt. Die nach dem Tode Stalins in der Sowjetunion herrschende Troika Malenkow, Molotow und Berija empfand die allgemeine Situation in der DDR als zu bedrohlich und ordnete einen neuen Kurs an, den das SED-Politbüro am 11. Juni 1953 treu ergeben einleitete. Die Regierung ließ verlauten, daß man „ernste Fehler" begangen hätte und infolgedessen den Fünfjahrplan korrigieren, den Reiseverkehr mit der Bundesrepublik erleichtern und die Rechtsprechung überprüfen werde.[77] Die Verordnungen vom 17.7.1952 und 19.2.1953 wurden beseitigt, nahezu alle inhaftierten Bauern entlassen und die Pflichtablieferungen ermäßigt.[78] Die Erhöhung der Arbeitsnormen jedoch wurde nicht korrigiert. Dies war der Tropfen, der das Faß zum Überlaufen brachte. Von dem Zurückweichen der Regierung ermutigt, streikte bereits am 16. Juni die Mehrzahl der Ostberliner Betriebe. Unzählige Demonstranten forderten den Sturz der Regierung, freie Wahlen sowie die Entlassung sämtlicher politischer Häftlinge.[79] Am Morgen des 17. Juni 1953 stieg die Zahl der Demonstranten sprunghaft an. In mehreren Städten der DDR kam es zu

---

[75] Vgl. Werkentin, Falco: Recht und Justiz im SED-Staat. Bonn 1998, S. 24.
[76] Vgl. Kaapke, Jürgen, S. 30.
[77] Vgl. Lehmann, Hans Georg: Chronik der DDR 1945/49 bis heute. München 1987, S. 39.
[78] Vgl. Bulletin Bonn, BPA v. 14.07.1953: „Das ist der neue Kurs".
[79] Vgl. Mitter, Armin; Wolle, Stefan: Untergang auf Raten.
 Unbekannte Kapitel der DDR-Geschichte. München 1993, S. 93.

Angriffen auf Staats- und SED-Funktionäre, auf Polizei und Militär. Auf dem Land blieb es relativ ruhig.

Unmittelbar nachdem gegen Mittag der Ausnahmezustand verhängt worden war, marschierten Einheiten der Roten Armee in den Straßen auf und schlugen den Aufstand mit Waffengewalt nieder. Das gescheiterte Aufbegehren wirkte wie ein Schockerlebnis, das einen Großteil der Bevölkerung resignieren ließ und zu einem weitgehenden Arrangement mit den politischen und gesellschaftlichen Realitäten führte.

9. Der „Neue Kurs": Eine kurze „Atempause"
 auf dem Weg zur Vollkollektivierung
10. Die Zwangskollektivierung: Exodus und Exitus des freien Bauerntums der
 Deutschen Demokratischen Republik

Im Juli 1958 erklärte Ulbricht auf dem V. Parteitag der SED, daß fortan keine weiteren „Störungen" der zentralen Lenkung und Planung vom privatwirtschaftlichen Sektor mehr hingenommen werden könnten. Die Überlegenheit der sozialistischen Gesellschaftsordnung müsse jetzt endgültig unter Beweis gestellt werden: „Der Apfel ist reif".[82] Demgemäß wurden seit dem August 1958 wieder Werbebrigaden in die Dörfer geschickt, welche die Bauern von den Vorteilen des Eintritts in eine LPG nachhaltig „überzeugen" sollten. Trotz verschärfter Agitation traten vom 1. Januar bis zum 30. August des folgenden Jahres nur etwa 19.000 Einzelbauern einer LPG bei.[83] Die SED war am Ende ihrer Geduld. Auf der 7. Tagung des Zentralkomitees vom 10. bis 13.12.1959 wurde deshalb beschlossen, den Anschein der Freiwilligkeit endgültig fallen zu lassen und zur zwangsweisen Kollektivierung überzugehen, die Ulbricht euphemistisch als „sozialistischen Frühling" bezeichnete.

Ganze Lastwagenladungen von Agitatoren fielen über die Dörfer her, folgten den Bauern auf die Felder und in die Ställe, bestellten sie zu Aussprachen in die Gemeindesäle oder in das Rathaus, organisierten polizeilichen Terror, drohten Haft oder Ausweisung an und diffamierten die standhafte Bauernschaft als Feinde des Friedens oder faschistische Kriegshetzer.[84] Zu jeder Tages- und Nachtzeit verlangten sie Zutritt zu Haus und Hof, zwangen die Bauern zu endlosen Diskussionen und folgten ihnen mitunter sogar bis an die Betten.[85] Oftmals wurden die

---

[82] Vgl. Becker, Heinrich, S. 206.
[83] Vgl. Wegner, Hermann: Siebenjahrplan in der Landwirtschaft. Das erste Jahr des Siebenjahrplanes der Landwirtschaft in Theorie und Praxis, in: SBZ-Archiv. Dokumente, Berichte,
Kommentare zu gesamtdeutschen Fragen. Jg. 10, Heft 23, 10.12.1959, S. 357-360, S. 358.
[84] Vgl. N.N.: Die Zwangskollektivierung in der Sowjetzone. Sonderdruck aus dem SBZ-Archiv.
Köln 1960, o. S.
[85] Vgl. Wädekin, Karl-Eugen: Sozialistische Agrarpolitik in Osteuropa.

bäuerlichen Gehöfte über Tage und Nächte hinweg von Lautsprecherwagen beschallt oder von starken Scheinwerfern angestrahlt.[86] Die Kirche protestierte heftig gegen die menschenunwürdigen Zwangsmaßnahmen und forderte das sofortige Ende des Terrors. Überall kam es zu offenen Widerstandshandlungen unter den Bauern. Funktionäre wurden verprügelt, Versammlungen und LPG-Gründungen massiv gestört, Agitatoren vom Hof verjagt. Die meisten Bauern jedoch hielten den ungeheuren Belastungen nicht stand. Die Zahl der Selbstmorde stieg in den ersten Monaten des Jahres 1960 ebenso wie die Fluchtrate drastisch an. Wer nicht aus dem Leben oder seiner Heimat fliehen wollte, gab nach und fügte sich der Gewalt. So traten in den ersten drei Monaten des Jahres 1960 insgesamt 450.000 Einzelbauern den Produktionsgenossenschaften mitsamt ihrem Besitz bei und vergrößerten diese somit um 2,5 Millionen Hektar Land.[87]

Am 4. März 1960 wurde Rostock zum ersten vollkollektivierten Bezirk ausgerufen, Karl-Marx-Stadt am 14. April 1960 zum letzten. Außer einigen nur schwer zugänglichen Anwesen, die aufgrund ihrer Lage nicht „kollektivierbar" waren, gab es in der DDR keine privatwirtschaftende Bauernschaft mehr.[88] Die Klasse der privaten Einzelbauern war aufgelöst, jene der gemeinschaftlich wirtschaftenden Genossenschaftsbauern geschaffen worden. In der festen Überzeugung, ihr großes revolutionäres Ziel erreicht zu haben, verkündete die Volkskammer der DDR am 25. April 1960 offziell den Abschluß der Kollektivierung in der Landwirtschaft.

<u>11. Der Bau der Berliner Mauer: Die Fluchtbewegung hat ein Ende</u>

Als der Terror der Zwangskollektivierung im April 1960 ein Ende gefunden hatte und die Agitatoren aus den vollkollektivierten Dörfern abgezogen waren, scholl es den verbliebenen SED-Funktionären plötzlich wieder lautstark entgegen: „Unser Land habt ihr - aber uns habt ihr noch lange nicht."[89] Die Stimmen des Protestes mehrten sich erneut. LPG-Austritte wurden verlangt oder vollzogen und so mancher Bauer wirtschaftete trotz seiner erzwungenen Zugehörigkeit zu einer LPG nach wie vor in einzelbäuerlicher Weise weiter. Die unmittelbare Folge der forcierten und zwangsmäßigen Kollektivierung der Jahre 1959/60 war neben einer

---

Band 1: Von Marx bis zur Vollkollektivierung. Berlin 1974, S. 147.

[86] Vgl. Bundesministerium für Gesamtdeutsche Fragen (Hg.): Die Vernichtung des selbständigen Bauernstandes in der Sowjetzone. Nachdruck, Bonn 1961, S. 18.

[87] Vgl. Schwerin, Manfred Graf von, S. 55.

[88] Vgl. Friedrich-Ebert-Stiftung (Hg.): Bauern in beiden deutschen Staaten. Bonn 1973, S. 15.

[89] Arbeitsgruppe 5: Probleme im Bezirk Schwerin, Berlin, 13.06.1961, in: SAPMO-BA, DY 30, IV/2/7/397, zitiert nach: Werkentin, Falco: „Unser Land habt ihr - aber uns habt ihr noch lange nicht". Widerstand im ländlichen Milieu der SBZ/DDR, in: Henke, Klaus-Dietmar; Steinbach, Peter; Tuchel, Johannes (Hg.): Widerstand und Opposition in der DDR. Köln, Weimar, Wien 1999, S. 137-148, S. 144.

erneuten Massenflucht eine abermalige Wirtschaftskrise.[90] Eine Vielzahl von Bauern resignierte. Der sonst so sprichwörtliche bäuerliche Fleiß und Arbeitseifer ließ rapide nach, viele meldeten sich arbeitsunfähig oder bearbeiteten hauptsächlich ihre persönlichen Hauswirtschaften. Folglich blieb die Arbeitsproduktivität weit hinter jener der Bundesrepublik zurück: sie erreichte nur 45% des westdeutschen Wertes.[91] Dies gründete sich auch auf die nach wie vor hohen Flüchtlingszahlen, die für einen permanenten Arbeitskräftemangel in der Landwirtschaft sorgten. Im Mai 1960 war die Zahl der auf dem Land Beschäftigten im Gegensatz zum Jahre zuvor um 220.000 Personen gesunken.[92] An ihrer Stelle mußten vor allem zur Erntezeit Jugendliche, Studenten und Soldaten zum Arbeitseinsatz aufs Land befohlen werden - ein in den Augen der Staatsführung unhaltbarer Zustand. Dem beständigen Bevölkerungsschwund mußte endgültig ein Riegel vorgeschoben, die Schlupflöcher in den Westen geschlossen werden.

So errichteten Einheiten der Volkspolizei sowie der Nationalen Volksarmee in der Nacht vom 12. auf den 13. August 1961 eine 165 Kilometer lange Befestigung rund um die drei Westberliner Sektoren - die Berliner Mauer.[93] Die DDR-Sender bezeich- neten die Mauer als „antifaschistischen Schutzwall" gegen die „Bonner Militaristen" und die „imperialistischen Kriegstreiber des Westens". In Wahrheit jedoch sollte sie jede Hoffnung auf Flucht aus der inzwischen zum totalitären Staatswesen transformierten Deutschen Demokratischen Republik endgültig vereiteln, damit zu den über 3,5 Millionen Menschen, die seit 1945 den Osten Deutschlands verlassen hatten, nicht noch weitere Abwanderer hinzukamen.[94] Die Berliner Mauer machte die DDR zu einem Gefängnis, in dem sich niemand mehr dem Willen der Partei entziehen konnte. Die von Marx erträumte „Diktatur des Proletariats" war zu einem Käfig der Arbeiter und Bauern geworden, der Staat zu einem allumfassenden Instrument der führenden Partei. Das sozialistische und kommunistische Gedankengut, das der Masse der Menschen Demokratie und klassenlose Gleichheit hatten bringen sollen, fungierte nun als Legitimation eines diktatorischen Führungsanspruchs einer kleinen Schar von Mächtigen.

---

[90] Vgl. Steiner, André: Politische Vorstellungen und ökonomische Probleme im Vorfeld der Errichtung der
   Berliner Mauer. Briefe Walter Ulbrichts an Nikita Chruschtschow, in: Mehringer, Hartmut (Hg.):
   Von der SBZ zur DDR. Studien zum Herrschaftssystem in der Sowjetischen Besatzungszone und in der
   Deutschen Demokratischen Republik. München 1995, S. 233-268, S. 236.
[91] Vgl. Schnieders, Rudolf: Agrarpolitik in Ost und West. Wieviel Freiheit, wieviel Sicherheit?,
   in: Deutsche Bauern-Korrespondenz. Monatszeitschrift des Deutschen Bauernverbandes e.V.
   43. Jahrgang, Heft 2, Februar 1990, S. 6-7, S. 7.
[92] Vgl. Buchsteiner, Ilona, S. 46.
[93] Vgl. Bollin, Christina; Fischer-Bollin, Peter: Mauer, in: Weidenfeld, Werner; Korte, Karl-Rudolf (Hg.):
   Handbuch zur deutschen Einheit 1949-1989-1999. Aktualisierte und erw. Neuausgabe, Bonn 1999,
   S. 547-558, S. 547.
[94] Vgl. Neubert, Ehrhart: Politische Verbrechen in der DDR, S. 858.

In den folgenden Jahren bemühte sich die SED in erster Linie um eine Stabilisierung der mit brachialer Gewalt herbeigeführten neuen Verhältnisse auf dem Lande. Die Phase der Konsolidierung begann. Die einzelnen Genossenschaften sollten zu großen Kooperationsgemeinschaften zusammengeführt werden. Im Laufe der sechziger Jahre wandelte sich die Einstellung eines Großteiles der kollektivierten Bauern. Die geregelten Arbeitszeiten und die krisenfeste Einbindung in ein gesichertes soziales Umfeld bescherten den Bauern ein im wesentlichen sorgenfreies Leben. Die genossenschaftliche Produktion, gegen die sich die Bauernschaft über Jahre hinweg nach Kräften gewehrt hatte, erschien vielen bald als kaum noch beklagenswert.[95]

Erst als sich gegen Ende der 80er Jahre die kommunistischen Systeme aufzulösen begannen, wagten es die Menschen wieder zu protestieren und für ihre Freiheit auf die Straße zu gehen - und die Mauer niederzureißen.

III. Der Widerstand der Landbevölkerung gegen die Kollektivierungsmaßnahmen in der Landwirtschaft

1. Vorüberlegungen zum Widerstandsbegriff

Die Frage, was genau unter dem Begriff „Widerstand" zu verstehen ist, welche Formen des Verhaltens er umschließt und inwiefern sich diese Verhaltensweisen kategorisieren und graduieren lassen, ist in der Forschung besonders hinsichtlich des Widerstandes gegen den Nationalsozialismus bereits ausgiebig diskutiert worden. In diesem Zusammenhang wurden Definitionen und Typologisierungen entwickelt, auf deren Grundlage auch der Widerstand gegen die totalitäre Staatsmacht der DDR untersucht wurde. Diese Modelle bewerten die Widerstandshandlungen nach unterschiedlichen Kriterien wie etwa dem damit verbundenen Risiko, dem Grad der Öffentlichkeitswirkung oder dem Typ des widerständigen Verhaltens. Differenziert wird dabei auch nach aktivem oder passivem, offenem oder heimlichem, individuellem oder kollektivem Widerstand, beispielsweise in Form verbalen Protests, friedlicher Verweigerung, ideologischer Dissidenz oder tätlicher Gegenwehr. Ilko-Sascha Kowalczuk beispielsweise unterscheidet folgende vier Grundtypen des Widerstands: gesellschaftliche Verweigerung, sozialer Protest, politischer Dissens und Massenprotest.[96]

---

[95] Vgl. Kleßmann, Christoph: Zwei Staaten, eine Nation. Deutsche Geschichte 1955-1970.
2., überarbeitete und erweiterte Auflage, Bonn 1997, S. 319.
[96] Vgl. Kowalczuk, Ilko-Sascha: Von der Freiheit, Ich zu sagen. Widerständiges Verhalten in der DDR, in:
Poppe, Ulrike; Eckert, Rainer; Kowalczuk, Ilko-Sascha (Hg.):

Hubertus Knabe hingegen differenziert wie folgt: Politische Opposition, gesellschaftliche Verweigerung, weltanschauliche Dissidenz, konzeptionelle Gegnerschaft, aktiver und passiver Widerstand.[97]

Die besondere Schwierigkeit einer solchen Typologisierung liegt vor allem in den fließenden Übergängen zwischen den einzelnen Widerstandstypen, die sich zumeist kaum vollständig voneinander abgrenzen lassen. Wo genau verläuft die Grenze zwischen punktuellen Unmutsäußerungen und partieller Kritik? Wann genau wird der zivile Ungehorsam, sprich die friedliche Verweigerung konformen Verhaltens, zu passivem Widerstand, also zu einer reaktiven Abwehr von Ansprüchen des Systems? Kann überhaupt von „passivem Widerstand" die Rede sein, wenn von manchen Autoren

jeglicher „Widerstand" als aktiv definiert, passives Verhalten jedoch als „Widerstehen" bezeichnet wird - der Begriff „passiver Widerstand" also folglich zum Oxymoron geriert? Und wo scheidet sich der Widerstand von der Resistenz, wo die Resistenz von der Dissidenz? Allgemeiner Konsens herrscht im Grunde nur hinsichtlich des Begriffes „Opposition". Da sich die DDR unter der Führung der SED in den späten 40er und den frühen 50er Jahren zu einem totalitären Staatswesen stalinistischer Prägung gewandelt hatte, das keinerlei legale parlamentarische oder sonstige politische Opposition duldete, hatte sich mit Ausnahme der zunächst noch eigenständigen CDU und LDPD niemals eine wahrhaftige und im Sinne der herrschenden Rechtsnormen legale politische Opposition in der SBZ/DDR bilden können. Jegliche Opposition, also jedwede legale Infragestellung des Machtanspruches der regierenden Partei, wurde seitens der Führung der DDR als von vornherein „verbrecherisch" angesehen.[98] Während in einer wahrhaften Demokratie Opposition und „legaler Widerstand" dadurch definiert sind, daß sie sich innerhalb der Grenzen des gegebenen Rechts bewegen, und als „illegaler Widerstand" nur jene Verhaltensweisen angesehen werden, die Recht und Gesetz verletzen, galt in der stalinisierten DDR jede Form von Opposition und Widerstand a priori als illegal.

Die Gründe dieser staatlichen Kriminalisierung jeglicher Abweichung lagen in dem selbstinduzierten Anspruch der SED, die Vorhut der Arbeiterklasse zu sein und als besondere

---

Zwischen Selbstbehauptung und Anpassung. Formen des Widerstandes und der Opposition in der DDR. Berlin 1995, S. 85-115, im folgenden zitiert als „Kowalczuk, Ilko-Sascha", S. 97.

[97] Vgl. Knabe, Hubertus: Was war die „DDR-Opposition"? Zur Typologie des politischen Widerspruchs in Ostdeutschland, in: Deutschland-Archiv. Zeitschrift für Fragen der DDR und der Deutschlandpolitik. Jg. 29, Heft 2, 1996, S. 184-198, S. 193.

[98] Vgl. Neubert, Ehrhart: Geschichte der Opposition, S. 105.

Avantgarde der Menschheit Einblick in historische Prozesse sowie fundierte Kenntnisse der gesellschaftlichen Gesetzmäßigkeiten zu haben. Jedwede Kritik an der Partei- und Staatsführung mußte somit zwangsläufig als Abweichung der herrschenden Interpretation des Marxismus-Leninismus erscheinen, jeglicher Widerstand als Angriff auf den Frieden, den Fortschritt und das Wohl der Arbeiter und Bauern. Indem die SED als Ziel ihrer Politik die Schaffung einer demokratischen, gerechten und friedliebenden Gesellschaftsordnung vorgab, konnten all diejenigen als Kriegshetzer, Faschisten oder Klassenfeinde verschrien werden, die sich der Partei und ihrer Politik in irgendeiner Form zu widersetzen wagten. Entsprechende Gesetze setzten diese Staatsideologie in geltendes Recht um und schufen die juristische Grundlage für die strafrechtliche Verfolgung all jener, die sich beispielsweise ihr menschliches Grundrecht auf die Freiheit der Meinung nicht nehmen lassen wollten.

Da also legale Opposition in der SBZ/DDR nur in ihrer Anfangsphase möglich war, blieb den Verfechtern abweichender Ideale, Konzepte und Ziele nur der Bruch der angeblichen Legalität im Namen der Legitimität. Denn „wer allein oder gemeinsam mit anderen öffentlich, gewaltlos und aus politisch-moralischen Gründen den Tatbestand einer Verbotsnorm erfüllt, handelt grundrechtlich gerechtfertigt, wenn er dadurch gegen schwerwiegendes Unrecht protestiert und sein Protest verhältnismäßig ist"[99]. Opposition und Widerstand in der DDR fußten somit nolens volens auf den höchsten aller Rechte: den unveräußerlichen Natur- und Menschenrechten. Jegliche im Grunde legale Form politischer Divergenz und ideologischer Dissidenz war aufgrund des totalitären Herrschaftsanspruchs des Staates zum illegalen Widerstandskampf für den Erhalt und die Achtung der eigenen Grund- und Menschenrechte geworden.

Die einzige „Organisation", die bis auf gewisse Einschränkungen und regelmäßige Provokationen von seiten des Staates weitestgehend von Unterwanderung und Übergriffen verschont blieb, war die christliche Kirche. Aufgrund ihres gesellschaftlichen Sonderstatus wurde sie somit zum einzigen bzw. letzten „legalen Träger" von Dissidenz und Opposition in der Deutschen Demokratischen Republik.

2. Die Kirche als letzter „legaler Träger" von Opposition im totalitären Staat

Da die CDU und die LDPD bereits kurz nach ihrem Entstehen unterwandert und somit politisch neutralisiert worden waren, da die SPD mit der KPD im Jahre 1946 kurzerhand zwangsfusioniert wurde, alle weiteren Massenorganisationen wie z.B. der FDGB bereits in den ersten Jahren der SBZ in den Macht- und Kontrollbereich der führenden Staatspartei gerieten

---

[99] Dreier, Ralf: Widerstandsrecht und ziviler Ungehorsam im Rechtsstaat, in:
Glotz, Peter (Hg.): Ziviler Ungehorsam im Rechtsstaat. Frankfurt am Main 1983, S. 54-75, S. 60.

und auch sämtliche sonstigen Organisationen, Verbände, Vereine und Gruppierungen wenn auch nicht immer „gleichgeschaltet", so doch zumindest indoktriniert oder notfalls auch isoliert wurden, da es sogar gelang, den Widerstand aus den höchsten der eigenen Reihen mit der Inhaftierung Kurt Viewegs und seiner Anhänger restlos zu eliminieren, blieb die christliche Kirche bis zur Wende im Jahre 1989 trotz diverser Versuche der gesellschaftlichen Isolierung seitens der SED die einzige bzw. letzte Trägerin legaler Opposition im ostdeutschen Teilstaat. Dabei war die Kirche zutiefst darauf bedacht, eben nicht als solche zu erscheinen. Schließlich wollte sie nicht als Gestalterin oppositioneller Politik auftreten, sondern als Sprachrohr der be- und unterdrückten Massen.[100] Gemäß ihres abendländisch-christlichen Selbstverständnisses übernahm sie die Aufgabe, sich vor jene zu stellen, die des Schutzes und der Verteidigung bedurften und für deren Rechte gestritten werden mußte.[101] Außerdem galt es zu vermeiden, daß die hochgradige Verzweiflung der bäuerlichen Massen zu weitreichendem Unglauben führte.[102] So war es die schwere Aufgabe der Pfarrer und Seelsorger, sich der zunehmend in Angst, Resignation und Verzweiflung fallenden Menschen auf dem Lande verstehend und helfend anzunehmen.

Dementsprechend wandten sich die evangelischen Landesbischöfe der DDR wie schon im Jahre 1953 auch im Frühjahr 1960 mit einem Protestschreiben gegen die Zwangskollektivierung in der Landwirtschaft an Ministerpräsident Grotewohl.[103] Kardinal Döpfner verurteilte in seiner Osterpredigt die menschenunwürdige Behandlung der Bauern und die Mißachtung menschlicher Grundrechte auf den Dörfern,[104] und der evangelische Bischof von Berlin, Dibelius, bezog all jene leidgeprüften Brüder und Schwestern auf dem Lande in seine Fürbitten mit ein, die zu damaliger Zeit schwere Lasten zu tragen hatten.[105] Die Staatsführung reagierte prompt und warf der Kirche offen vor, sie würde reaktionären Kräften einen religiösen Deckmantel bieten.[106] Mitunter wurden sogar Pfarrer verhaftet. Der katholische Geistliche Eugen Eußner zum Beispiel wurde vorübergehend in Gewahrsam genommen, weil er Bauern aufgefordert hatte, „stark zu bleiben"[107]. Diese bekräftigenden Worte wurden von der Volkspolizei als erfüllter Tatbestand der „Aufwiegelung" gewertet. Die Kunde von Eußners

---

[100] Vgl. Henkys, Reinhard: Die Opposition der „Jungen Gemeinde", in: Henke, Klaus-Dietmar; Steinbach, Peter; Tuchel, Johannes (Hg.): Widerstand und Opposition in der DDR. Köln, Weimar, Wien 1999, S. 149-162, S. 155.
[101] Vgl. Der Tag, Berlin v. 23.05.1954: „Die Bauernnot in der Zone".
[102] Vgl. Der Tag, Berlin v. 23.03.1960: „Verzweiflung".
[103] Vgl. Kölner Stadt-Anzeiger v. 22.03.1960: „Offener Protest von den Kanzeln der Zone".
[104] Vgl. Der Tagesspiegel, Berlin v. 20.04.1960: „SED-Terror führt zu Massenflucht aus der Zone".
[105] Vgl. Berliner Morgenpost v. 05.04.1960: „8. Mai: Ende des freien Bauerntums".
[106] Vgl. Pätzold, Horst: Zersetzungsmaßnahmen im Zuge der Kollektivierung, S. 185.
[107] Hamburger Abendblatt v. 30.03.1960: „Spreewald-Bauern verprügeln die Kolchos-Werber".

Inhaftierung verbreitete sich schnell. Dennoch gaben viele Gemeindepfarrer nicht auf, sich für die Rechte der Bauern einzusetzen und sie im Kampf gegen die Kollektivierung zu unterstützen. Nicht eben wenige ließen sich sogar dazu hinreißen, von der Kanzel herab lautstark vom Beitritt in eine LPG abzuraten. Ein Dorfpfarrer im Kreis Lobenstein (Bezirk Gera) gründete mit dem Ziel, die Bauern wenigstens am heiligen Sonntag weitestgehend von der Arbeit auf den kollektivierten Feldern abzuhalten, einen Gemischten Chor. Dieser fand tatsächlich derartig regen Zuspruch, daß sich niemand mehr zur Arbeit in den Genossenschaften einfand.[108] Außerdem spendeten gerade die Geistlichen auf dem Dorfe in vielfältiger Weise Trost und ermutigten die Bauern zu neuer Hoffnung.

Doch nicht allein aus diesem Grund versuchte die Partei- und Staatsführung, die Kirche gesellschaftlich zu isolieren. Neben ihrer störenden Rolle als Fürsprecherin der Unterdrückten sowie ihrer Konkurrenz auf dem Gebiet der Jugendarbeit - erinnert sei nur an den lange Zeit schwelenden Konflikt zwischen der kirchlichen „Jungen Gemeinde" und der staatlich geführten „Freien Deutschen Jugend" - war sie der SED vor allem aufgrund der ausgeprägten atheistischen Aspekte der marxistisch-leninistischen Weltanschauung ein Dorn im Auge.[109] Schließlich war der Marxismus-Leninismus seinem Wesen nach eine auf rein materialistischen Grundlagen aufbauende Weltanschauung, die mit dem Glauben an einen Gott völlig unvereinbar war. In diesem Zusammenhang sei an einen der bekanntesten Aussprüche Marx erinnert, der die Religion als das „Opium für das Volk" beschimpfte und in Kirche, Geistlichkeit und Theologie nichts anderes sah als eine Waffe der kapitalistischen Ausbeuter, mit deren Hilfe sich die geknechtete Bevölkerung weitestgehend ruhigstellen ließ.[110] So wurde die von der SED initiierte Kampagne gegen die Kirche offiziell als Teil des großen Kampfes der werktätigen Klasse für Frieden und Freiheit deklariert, während die Hoffnung auf die Hilfe Gottes in Wirklichkeit vielfach die letzte Zuflucht war, die sich drangsalierten Bauern zur Zeit des forcierten Aufbaus des Sozialismus auf dem Lande noch bot.

---

[108] Vgl. Hamburger Echo v. 02.04.1960: „Spitzbart Ulbricht spielt va banque".
[109] Vgl. Kleßmann, Christoph: Opposition und Dissidenz in der Geschichte der DDR, in:
Aus Politik und Zeitgeschichte. Beilage zur Wochenzeitung „Das Parlament".
Jg. 91, B 5/91, 1991, S. 52-62, S. 56.
[110] Vgl. Fricke, Karl Wilhelm: Selbstbehauptung und Widerstand in der Sowjetischen
Besatzungszone Deutschlands. Bonn, Berlin 1964, S. 86.

3. Die verschiedenen Formen des widerständigen Verhaltens der Landbevölkerung
 gegen die Kollektivierung

3.1 Forderungen, Meinungsäußerungen und offener Protest:
 Der verbale Widerstand als Mindestmaß der Gegenwehr

Die verbreitetste Form des Widerstandes gegen die Agrarpolitik der SED war der offene
Widerspruch und das verbale Bekunden von Geringschätzung, Mißfallen und Ablehnung.
Dieser verbale Widerstand war Ausdruck von Unzufriedenheit und Unbehagen in bezug auf
eine konkrete Situation oder die allgemeinen gesellschaftlichen oder politischen Verhältnisse
und stellte somit die „unterste", also die einfachste Form der Gegenwehr dar. Allerdings
verbarg sich hinter dieser Form des Aufbegehrens zumeist nicht einmal die Entschlossenheit,
der geäußerten Ablehnung und Verweigerung konsequent Taten folgen zu lassen. Oftmals blieb
es bei mehr oder minder lautstarken Unmutsbekundungen der Bauern. Wer sich anschließend
der geforderten Vergesellschaftung der Produktionsmittel und dem Eintritt in die LPG fügte,
blieb in der Regel von weiterer Verfolgung und fortgesetzten Diffamierungen seitens des
Staates verschont.

Eine Vielzahl von Bauern weigerte sich jedoch, den unrechtmäßigen Forderungen der
Agitatoren und Funktionäre Folge zu leisten. So wurde vor allem an jenen Abenden, an denen
Gemeindeversammlungen anberaumt waren und Ansprachen von Vertretern der Partei und des
Staates erwartet wurden, in vielen Fällen Alkohol konsumiert, um den geschulten Rednern mit
dem nötigen Mut entschlossen entgegentreten zu kön-nen.[111] Von einer Schar lärmender,
pfeifender und trampelnder Bauern übertönt gaben die Redner nicht eben selten ihr Vorhaben
auf und brachen den Vortrag ab. Die im Zuge der staatlich forcierten
Kollektivierungsmaßnahmen arg bedrängten Einzelbauern forderten bei derartigen
Gelegenheiten oftmals die freie Ausreise in den Westen,[112] verlangten Freiheit und
Marktwirtschaft, prangerten den „russischen Sozialismus an", wetterten gegen die untauglichen
Produktivgenossenschaften oder wagten gar die offene Drohung: „Der Laden bricht sowieso
zusammen, dann könnt ihr euch in acht nehmen!"[113]
In Zeulenroda forderte ein besonders wagemutiger Landwirt: „Gebt den Bauern die Freiheit
und beseitigt die Diktatur, damit wir frei unserer Arbeit nachgehen können."[114] Und am 9. Juli

---

[111] Vgl. Neue Rhein-Zeitung, Köln v. 14.09.1956: „Manchmal zerbricht ein Stuhl bei der Debatte".
[112] Vgl. Der Tagesspiegel, Berlin v. 30.03.1960: „Priesterverhaftung in Mecklenburg."
[113] Neue Zürcher Zeitung v. 23.07.1960: „Der passive Widerstand der ostdeutschen Bauern".
[114] Allgemeine Zeitung - Neuer Mainzer Anzeiger v. 02.03.1957: „Mitteldeutsche Bauern begehren auf".

1960 skandierten empörte Landwirte auf einer Versammlung der VdgB: „Schlagt sie entzwei, die rote Front"[115].

Die Frage, ob diese offenen Meinungsäußerungen, diese ausschließlich verbalen Proteste bereits als Widerstand anzusehen sind, dürfte sich nur schwerlich klären lassen. Die Deutsche Demokratische Republik jedoch hat sie definitiv als solchen angesehen, wie der Fall eines 34jährigen Bauern aus dem Dorfe Warsow zeigt. Der Einzelbauer hatte mit den Worten, daß er sich weigere, sein eigener Angestellter zu werden, den geforderten Eintritt in eine LPG abgelehnt und war aufgrund dieser Aussage wegen staatsfeindlicher Propaganda inhaftiert worden.[116] Ob also verbale Unmuts- und Ablehnungsbekundungen dem wörtlichen oder dem historischen Verständnis nach als widerständiges Verhalten eingestuft werden können oder nicht, sei dahingestellt. Im totalitären „Arbeiter- und Bauernstaat" jedenfalls galt - wie bereits in den obigen „Vorüberlegungen zum Widerstandsbegriff" ausgeführt - aufgrund der herrschenden marxistisch-leninistischen Ideologie und der stalinistischen These des „sich notwendigerweise verschärfenden Klassenkampfes" bereits die einfachste Form offen geäußerten Widerspruchs als „Kriegshetze", „feindliche Propaganda" und „ideologische Diversion", der in der Regel harte Strafen folgten.

So wurde zum Beispiel der Bauer Frotschow aus Lübbenau verhaftet und verurteilt, weil er im Auftrag sämtlicher freier Bauern des Ortes bei der Ostberliner Landwirtschaftsverwaltung vorsprechen und gegen die staatlichen Zwangsmaßnahmen protestieren sollte - wozu es dann aufgrund der vorsorglichen Festnahme nicht mehr kam.[117] Ähnliches widerfuhr auch dem Bauern Robert Pietschmann aus Buchholz, der während einer Sitzung der VdgB aufzustehen und zu sagen gewagt hatte: „Erzählt uns keinen Quatsch. Ist ja alles Schwindel. Gebt uns doch die Maschinen. Die LPG bekommt alles, und uns unterdrückt man."[118] Pietschmann wurde daraufhin vom Bezirksgericht Dresden zu acht Monaten Gefängnis wegen „maßloser Verleumdung von
Staat, Partei und Regierung" verurteilt. Und die von Bauer Schröder aus Luckow, Kreis Ückermünde, und Bauer Zillmer aus Zemmin, Kreis Demmin, auf einer Versammlung geäußerte Ansicht, daß die freie Wirtschaft des Westens im Vergleich zu jener des eigenen Landes deutliche Vorteile aufzuweisen hätte, führte zu einer Verurteilung wegen Verbreitung

---

[115] Telegraf Berlin v. 04.08.1960: „Die lassen uns keine Ruhe".
[116] Vgl. Hamburger Abendblatt v. 24.03.1960: „Die Notschreie dieser Bauern verhallen ungehört".
[117] Vgl. Berliner Morgenpost v. 30.03.1960: „Offener Aufruhr in Spreewald-Dörfern".
[118] Fricke, Karl Wilhelm: Opposition und Widerstand in der DDR. Ein politischer Report.
Köln 1984, im folgenden zitiert als „Fricke, Karl Wilhelm: Opposition und Widerstand", S. 135.

„tendenziöser Gerüchte" samt vollständiger Enteignung.[119] Selbst die harmlos erscheinende Bezeichnung eines LPG-Mitglieds als „Kolchosenarbeiter" führte wie im Falle dreier Bauern aus der Gemeinde Eickendorf aus dem Kreis Schönebeck zu sofortiger polizeilicher Verfolgung.[120]

Sich dem Führungsanspruch der SED und ihren politischen Inhalten mit kritischen Worten entgegenzustellen, wurde also seitens des Staates ganz klar als Verbrechen deklariert, von der Justiz mit empfindlichen Strafen geahndet und in der Gesellschaft als Widerstand empfunden. Und dennoch wurden immer wieder Stimmen laut, die die politischen, wirtschaftlichen und gesellschaftlichen Verhältnisse in der DDR offen kritisierten.[121] Als im Verlauf einer Versammlung im Bezirk Cottbus die VdgB-Zeitung „Der freie Bauer" erwähnt wurde, brach sofort eine tumultartige Unruhe aus. Die Bauern schrien aus vollem Halse, daß sie doch schon lange keine freien Bauern mehr seien.[122] Selbst Vorsitzende von Landwirtschaftlichen Produktionsgenossenschaften empfanden die Zustände in der sozialistischen Landwirtschaft manchmal als derart unerträglich, daß sie sich zu offener Kritik hinreißen ließen. Zum Beispiel wagte es der Vorsitzende der LPG Kauern, Heinz Wittig, sich vor dem Zentralkomitee der SED gegen die Parteifunktionäre auszusprechen, die auf dem Lande das Sagen hätten, ohne auch nur die geringste Fachkenntnis vorweisen zu können.[123] Über sein weiteres Schicksal ist nichts bekannt. Bekannt ist nur, daß diejenigen, die mehr zu sagen wagten, für gewöhnlich auch mit höheren Strafen zu rechnen hatten. Der Bauer Walter H. aus Jarchow zum Beispiel wurde zu eineinhalb Jahren Gefängnis verurteilt, weil er den Westen verherrlicht und den Genossenschaftsbauern damit gedroht hatte, daß einmal der Tag der Rache kommen werde.[124] Außerdem hing das Strafmaß nicht selten mit der Stichhaltigkeit der staatsfeindlichen Argumente zusammen. Beispielsweise wurde der Ortsvorsitzende der VdgB in Nitschka im Kreis Wurzen, Karl Förkel, zu drei Jahren Zuchthaus verurteilt, weil er mit amtlichen Zahlenunterlagen zu belegen versucht hatte, daß die bäuerliche Privatwirtschaft deutlich einträglicher zu produzieren imstande sei als die genossenschaftlichen Kollektive.[125]

---

[119] Vgl. Informationsbüro West v. 11.02.1954:
„Bauern wegen Verbreitung tendenziöser Gerüchte verhaftet".
[120] Vgl. Informationsbüro West v. 17.07.1954: „Verhaftungen als Druckmittel gegen Bauern".
[121] Vgl. Deutsche Zeitung und Wirtschafts Zeitung v. 17.08.1960: „Heftige Feldschlacht".
[122] Vgl. Osmond, Jonathan, S. 157.
[123] Vgl. Frankfurter Rundschau v. 23.03.1961: „Genossenschaftsbauern wehren sich".
[124] Vgl. Informationsbüro West v. 22.04.1960:
„Eineinhalb Jahre Gefängnis wegen Widerstandes gegen die LPG".
[125] Vgl. Tarantel Berlin - Kommentare & Berichte. A 807 / 11 - 460.

Doch nicht nur die Betroffenen selbst, also die Bauern und ihre Angehörigen, leisteten Widerstand und wagten Protest. Auch aus den eigenen Reihen erntete die SED Kritik und Ablehnung. Als zum Beispiel die Funktionäre der VdgB im Kreis Querfurt auf einer Versammlung von dem ZK-Komitee-Mitglied Walter Biering auf die fällige Korrektur des „Neuen Kurses" und die damit einhergehende erneute Verschärfung des Kollektivierungszwanges vorbereitet werden sollten, reagierten diese ebenso empört wie entgeistert.[126] Ähnliche Unmutsbekundungen sind auch von einigen Kreistagsabgeordneten oder Gemeindevertretern überliefert.[127] Der SED-Funktionär Schüller bezeichnete einen Entschließungsentwurf des SED-Politbüros zur Landwirtschaftspolitik sogar öffentlich als „Phantasterei".[128] Im Grunde war diese Form des SED-internen Widerspruchs nicht ungewöhnlich, erinnert sei nur an den bereits erwähnten Fall Vieweg - und an seinen unrühmlichen Ausgang.

Partei und Staat ließen sich nicht beirren. Einzelpersonen, die wie der Bauer Losch öffentlich verlangten, endlich wieder einen eigenen Traktor besitzen zu dürfen, wurden mit der Antwort bedacht, daß das widerrechtliche Aneignen von den Produktionsmitteln der Werktätigen in „unserem sozialistischem Staat" nicht mehr geduldet werde.[129] Selbst die insgesamt über 1300 schriftlichen Beschwerden, die dem Ministerium für Land- und Forstwirtschaft bereits im ersten Halbjahr 1954 vorlagen, wurden offiziell als bewußte Unruhestiftung mit dem Ziel der Sabotage der Frühjahrsbestellung und somit als definitiv widerständiges Verhalten eingeschätzt.[130] Immer wieder gaben Einzelbauern Beispiele besonderer Zivilcourage ab. Der Landwirt Edmund Fuchs hatte sich auf einen erwarteten Besuch zweier Funktionäre mit einem Exemplar der Musterstatuten für die LPG vorbereitet und vor allem jene Stellen markiert, die die unbedingte Freiwilligkeit des Eintritts betonten. Auf diese Form verbal-argumentativer Resistenz nicht gefaßt, sahen sich die Funktionäre gezwungen, den Hof des Bauern Fuchs unverrichteter Dinge wieder zu verlassen.[131] Ähnlich geistesgegenwärtig handelte auch Bauer Heinrich Reschke, der vier Agitatoren mit einleuchtenden Beispielen überlegener privater Wirtschaftsführung entgegentrat und diese somit der Sprache beraubte.[132] Nicht einmal Walter Ulbricht selbst war vor verbal geäußerter Kritik gefeit. Schließlich mußte

---

[126] Vgl. Der Kurier, Berlin v. 26.09.1953:
„Der Feind geht aufs Land. VdgB-Funktionäre rebellieren gegen Ulbricht-Kurs".
[127] Vgl. Frankfurter Allgemeine Zeitung v. 26.07.1961: „Unruhe in einem Zonendorf".
[128] Vgl. Der Tagesspiegel, Berlin v. 23.03.1960: „SED-Methoden scharf verurteilt".
[129] Vgl. Das Parlament, Bonn v. 17.07.1957: „Der Großbauer bekommt keinen Traktor".
[130] Vgl. Eigenberichte des Ministeriums für gesamtdeutsche Fragen,
EB 67631 v. 29.05.1954: „Landwirtschaft".
[131] Vgl. BMGF: Die Zwangskollektivierung. Flüchtlingsaussage Nr. 13, S. 34.
[132] Vgl. ebd., Flüchtlingsaussage Nr. 18, S. 37.

er sich im Sommer 1957 bei einem Besuch des mecklenburgischen Dorfes Dersenow unverblümte Wahrheiten über die beklagenswerten Verhältnisse in den Landwirtschaftlichen Produktionsgenos-senschaften anhören, denen er argumentativ nichts entgegenzusetzen hatte.[133]

Und dennoch stand die Landbevölkerung dem übermächtigen Staatsapparat letzten Endes chancenlos gegenüber. Je geschickter und entschlossener die Landwirte argumentierten, je entschiedener sie Freiheit und privatwirtschaftliche Verhältnisse forderten, desto massiver schlug der Staat mit drastischen Haftstrafen oder massenhafter Entsendung eigens geschulter Agitatoren zurück. Allein im Kreis Bautzen wurden anläßlich eines gezielten Agitationseinsatzes einmal über 1.700 „Werber" in die Dörfer befohlen.[134] Unnötig zu erwähnen, daß es einer solchen Übermacht fast spielerisch gelingen mußte, jeden Anflug verbalen Widerstands und argumentativer Gegenwehr in kürzester Zeit zu brechen.

3.2 Nonkonformes Verhalten, ziviler Ungehorsam und offene Resistenz als Verweigerung jeglicher Kooperation

Mit Ausnahme einiger weniger Landwirte, die gegen die agrarpolitischen Maßnahmen des Staates zwar verbal aufbegehrten, sich aber anschließend murrend dem Willen der Obrigkeit fügten, ging mit der oben dargestellten „argumentativen Gegenwehr" in den meisten aller Fälle regimekritischer Unzufriedenheit eine entschiedene Ablehnungs- und Verweigerungshaltung einher: die Landbevölkerung zeigte sich resistent, verhielt sich nicht konform, übte zivilen Ungehorsam und verweigerte jegliche Kooperation.

Derartige gesellschaftliche Verweigerung galt in allen totalitären Staaten und so auch in der DDR als deutliches Zeichen der Diskrepanz zwischen Herrschenden und Beherrschten, als bedenklicher Hinweis auf den Konflikt zwischen Volk und Füh-rung.[135] Sich in einem solchen Staatswesen passiv zu verhalten und die geforderte Linientreue zu verweigern, wurde seitens der Obrigkeit nicht als „Unterlassen", sondern als „aktives gegnerisches Handeln" gewertet. Mit anderen Worten lautete die Losung des Sozialismus: „Wer nicht für uns ist, ist gegen uns!"

---

[133] Vgl. Badische Zeitung, Freiburg im Breisgau v. 27.07.1957:
„Ulbricht mußte sich bittere Wahrheiten über die Landwirtschaft in der Zone anhören".
[134] Vgl. Badische Zeitung, Freiburg im Breisgau v. 22.08.1958:
„Am Ende war Hemleben 'sozialistisches Dorf'".
[135] Vgl. Kowalczuk, Ilko-Sascha, S. 99.

Dieser Sachverhalt war auch der Bauernschaft bekannt. Und dennoch kamen vielfach Versammlungen, Ansprachen oder auch die Wahl von LPG-Vorständen nicht zustande, weil die Bauern sich weigerten, den Aufforderungen und Einladungen Folge zu leisten und somit die jeweilige Veranstaltung wirksam boykottierten. Beispielsweise wurde im Jahre 1960 aus der Gemeinde Freienwalde gemeldet, daß dort „seit März fünfmal zu Vollversammlungen eingeladen [worden war], die nicht zustande kamen, weil der Besuch nicht über 10 Prozent hinausging und eine Wahl unmöglich war."[136] Selbst als die Bauern einzeln in den Gemeindesaal bestellt wurden, befolgten sie die Vorladungen nicht, bis schließlich Agitatoren auf die Höfe gesandt wurden. Dennoch gelang es einem Bauern, sich weiterhin standhaft zu verweigern. Als ihm die Werber schließlich bis ins Haus folgten, legte er sich auf das Sofa, kehrte das Gesicht zur Wand und ließ den Redeschwall seiner Peiniger über sich ergehen, ohne ein Wort zu erwidern. Als ihn daraufhin der Bürgermeister persönlich sprechen wollte, floh er aufs Rübenfeld.[137] Um nicht Mitglied einer LPG zu werden oder sich in sonstiger Form schikanieren lassen zu müssen, traten manche Bauern sogar heimlich der SED bei, um sich durch diese Scheinmitgliedschaft möglichst lange den Rücken freizuhalten.[138] Andere tranken von früh bis spät, um nicht ansprechbar und somit nicht vernehmungsfähig zu sein.[139]

In der Bauernschaft war die offen zur Schau gestellte Verweigerung jeglicher Kooperation die am häufigsten angewandte Methode zur Demonstration von mangelnder Übereinstimmung, Mißfallen und Ablehnung. So ergab eine Kontrolle des „Brandschutzamtes Fürstenwalde" am 6. August 1954, daß die vom Rat des Kreises vorgeschriebenen nächtlichen Brandschutzwachen nur in zwei von zwölf Fällen angetreten worden waren. Die restlichen Bauern hatten diese zusätzliche Belastung mit der Begründung verweigert, die von der SED gehegte Furcht vor westlichen Sabotageakten nicht zu teilen.[140] In den Dörfern Lindenberg und Prälank im mecklenburgischen Kreis Neustrelitz wurden insgesamt 13 Bauern zu durchschnittlich drei Monaten Gefängnis verurteilt, weil sie sich geweigert hatten, die aufgrund eines militärischen Manövers verhängte Ausgangssperre zu befolgen. Die Bauern wurden bei der frühmorgendlichen Feldarbeit von der Volkspolizei verhaftet und wegen „Widerstands gegen die Staatsgewalt" angeklagt.[141] Selbst die einfache Weigerung zweier Bauern, sich

---

[136] Werkentin, Falco: „Unser Land habt ihr - aber uns habt ihr noch lange nicht" .Widerstand im ländlichen Milieu der SBZ/DDR, in: Henke, Klaus-Dietmar; Steinbach, Peter; Tuchel, Johannes (Hg.): Widerstand und Opposition in der DDR. Köln, Weimar, Wien 1999, S. 137-148, S. 145.

[137] Vgl. Frankfurter Allgemeine Zeitung v. 29.03.1960: „Finsterer Frühling".

[138] Vgl. Rhein-Neckar-Zeitung, Heidelberg v. 21.05.1958: „Jeden Tag zehn neue Kolchosen".

[139] Vgl. Frankfurter Allgemeine Zeitung v. 25.03.1960: „Belagerungszustand in mitteldeutschen Dörfern".

[140] Vgl. Eigenberichte des Ministeriums für gesamtdeutsche Fragen: EB 77070 v. 22.08.1954: „Brandschutz".

[141] Vgl. Informationsbüro West v. 18.05.1954: „Sowjet-Panzer rollen über mecklenburgische Felder".

aufgrund des herrschenden Arbeitskräftemangels bei der Bewirtschaftung ihres Grund und Bodens vom Staat helfen zu lassen, wurde mit Gefängnisstrafen von vier bzw. sechs Monaten (im letzteren Fall auf Bewährung) quittiert.[142] Nichtkonform zu handeln und Resistenz zu demonstrieren erschien den Vertretern von Partei und Staat also zweifelsfrei als Zeichen von Widerstand und Gegnerschaft, die es polizeilich zu verfolgen und juristisch zu ahnden galt.

Ferner wurde der Maschinenführer Günter Joisten im VEB Ankerglas aus Bernsdorf in der Oberlausitz von Kollegen denunziert, weil er mit den „zu überzeugenden" Bauern nicht scharf genug diskutiert hatte. Er war wie viele andere von seiner Arbeit beurlaubt und zum Agitator ausgebildet worden, um auf dem Lande mit Nachdruck für die Landwirtschaftlichen Produktionsgenossenschaften zu „werben" - obgleich er von Ackerbau und Viehzucht nicht die geringste Ahnung hatte.[143] Als es ein 20jähriger Technologe der VEB Elektrowerke Thurm/Sa. wagte, einen gleichlautenden „Parteiauftrag" abzulehnen, wurde seine Delegierung zum Studium mit sofortiger Wirkung rückgängig gemacht und seine Stellung im Betrieb auf die eines Hilfsarbeiters mit einem monatlichen Minderverdienst von 250 Mark herabgestuft.[144] Das Phänomen der Verweigerung war also nicht nur bei der Bauernschaft selbst, sondern auch im Umfeld der Kollektivierungsmaßnahmen zu beobachten. Auch die 12.000 Jugendlichen, die aufgrund des Ministerratsbeschlusses im Frühjahr 1954 in der Landwirtschaft aushelfen sollten, da sich die hohe Anzahl geflüchteter Bauern bereits negativ auf die Produktionsergebnisse auszuwirken begann, zogen es mehrheitlich vor, dem Aufruf von Partei und Staat nicht Folge zu leisten und statt der mühseligen und schlecht bezahlten Landarbeit weiterhin ihrer angestammten Erwerbstätigkeit nachzugehen.[145] Dabei war die allgemeine Verweigerungshaltung nicht erst durch den überraschenden Kollektivierungsbeschluß im Sommer 1952 ausgelöst, sondern bereits deutlich früher beobachtet worden. So hatten es die 1946 gegründeten Maschinen-Ausleih-Stationen gerade in den Anfangsjahren bevorzugt, vorrangig im Dienste der wirtschaftlich starken Groß- und Mittelbauern tätig zu werden. Angesichts des reichhaltigen Dankes der Großbauern in Form von Würsten und Speck hatten sich die Traktoristen über die Anweisung, in erster Linie das Land der Neubauern zu bearbeiten, in vielen Fällen einfach hinweggesetzt.[146]

---

[142] Vgl. Thüringische Landeszeitung, Weimar v. 06.10.1959: „Hilfsangebote abgelehnt".
[143] Vgl. BMGF: Die Zwangskollektivierung. Flüchtlingsaussage Nr. 7, S. 31.
[144] Vgl. Informationsbüro West v. 11.03.1960:
„Gehaltsrückstufung als Strafe für Ablehnung eines Agitationsauftrages".
[145] Vgl. Informationsbüro West v. 16.03.1954:
„Jugendliche verweigern Arbeitseinsatz in der Landwirtschaft".
[146] Vgl. Schier, Barbara: Alltagsleben und Agrarpolitik im „sozialistischen Dorf".
Eine Regionalstudie zum Wandel eines thüringischen Dorfes während der Jahre 1945-1990, in:
Aus Politik und Zeitgeschichte. Beilage zur Wochenzeitung „Das Parlament".

In der Regel machte sich der zivile Ungehorsam der Landbevölkerung jedoch vor allem im Zusammenhang mit dem geforderten Eintritt in eine LPG bemerkbar. Wer trotz massiver Forderungen und Drohungen dauerhaften Widerstand leistete, landete - wie bereits erwähnt - meist im Gefängnis. Der Bauer Ganzow aus dem mecklenburgischen Kreis Gadebusch zum Beispiel wurde aus diesem Grund wegen angeblicher „Staatsverleumdung" zu zweieinhalb Jahren Haft verurteilt.[147] Der nicht minder starrsinnige Bauer Walter Z. aus dem brandenburgischen Kreis Seelow wurde immer wieder verhört und schließlich in eine Einzelzelle gesteckt.[148] Und Hermann Fink wurde mitsamt seinem Sohn Willi und einem weiteren Landwirt mit Fußtritten über den Grenzstreifen nach Westdeutschland gejagt, weil sie trotz abgeschlossener Zwangskollektivierung nicht länger Mitglied einer Produktionsgenossenschaft sein wollten.[149] Fand man keine ausreichende Handhabe gegen dauerhaft resistente Bauern, so stöberte man wie im Fall der Familie Lükens aus Eixen in der Vergangenheit der Betroffenen oder überprüfte Haus, Hof und Landmaschinen auf eventuelle Ordnungswidrigkeiten, Fehler oder Mängel.[150] Oder man konstruierte wie bei Günther Ilker aus Barkow im Kreis Parchim ein sogenanntes „Wirtschaftsverbrechen". Ilker wurde zu acht Jahren und neun Monaten Zuchthaus verurteilt, weil er Devisenvergehen begangen und aufgekauftes Getreide an sein Vieh verfüttert haben soll. Außerdem habe er mit der wirtschaftlichen Stärke seines Hofes „gegen die Gründung der LPG demonstriert und damit den Aufbau der sozialistischen Kollektivierung der Landwirtschaft gehemmt."[151] Offensichtlich wurde in der ehemaligen DDR bereits die Führung einer wirtschaftlich starken Bauernwirtschaft als offener Protest gegen die Agrarpolitik der SED angesehen.

Überhaupt handelte es sich bei all diesen Fällen nach Ansicht der Obrigkeit in der DDR um eine Mischung aus Resistenz und Dissidenz, also einer Verquickung von kooperationsunwilliger Abwehr, starrsinniger Ignoranz und bewußter Abweichung. Doch je größer der Druck wurde, den der Staat auf die Bauern auszuüben wagte, desto solidarischer standen diese sich gegenseitig bei.

Jg. 47, B 38/97, 1997, S. 38-47, S. 40.
[147] Vgl. Frankfurter Allgemeine Zeitung v. 27.04.1961: „Zonenbauer ins Zuchthaus".
[148] Vgl. Der Mittag, Düsseldorf v. 31.03.1960: „Bei der Unterschrift flossen Tränen".
[149] Vgl. N.N.: Dorf gesäubert, in: Der Spiegel. Nr. 34/1961, S. 19-21, S. 19.
[150] Vgl. Pätzold, Horst: Zersetzungsmaßnahmen im Zuge der Kollektivierung, S. 181.
[151] Pätzold, Horst: Zersetzungsmaßnahmen im Zuge der Kollektivierung, S. 181.

3.3 Solidarischer Widerstand auf dem Lande:

Die „Klasse der Bauern" hält zusammen

Der Druck, den die SED mit ihren zahlreichen „verlängerten Armen" wie z.B. der VdgB, der VEAB, der MTS oder der Justiz mit dem Ziel der vollständigen Sozialisierung der Landwirtschaft in vielfältiger Weise auf die Bauernschaft ausübte, hatte einen unerwarteten Nebeneffekt: die betroffenen Landwirte solidarisierten sich.

So gelang es dem pommerschen Bauern August Krägenbring, über 800 Unterschriften für die Freilassung seines inhaftierten Neffen zu sammeln, bis schließlich etwa 15 Autos mit Propagandisten im Dorf Rothemühl vorfuhren, die dafür sorgten, daß jeder einzelne Bauer seine Unterschrift zurückzog und Krägenbring verhaftet wurde.[152] In Blankenhagen schlossen sich sämtliche Dorfbewohner zusammen und halfen dem Bauern Krumrey mit eben jenen Erzeugnissen aus, die ihm zur Erfüllung des hohen Ablieferungssolls fehlten. Ähnliches ereignete sich auch im Bezirk Halle, wo durch eine entsprechende Solidaritätsaktion der Großbauer Brinkmann vor einem bereits anberaumten Schauprozeß „gerettet" werden konnte. Auch im altmärkischen Dorf Dähre im Kreis Salzwedel sollte 1951 ein Schauprozeß stattfinden. Der SED-Landwirtschaftsminister Sachsen-Anhalts hatte Dähre für ein derartiges Exempel ausgewählt, um die Bauern der Region zur Erfüllung der geforderten Ablieferungssolle zu bewegen. Verurteilt werden sollte der Großbauer F., der mit 220 Doppelzentnern Kartoffeln, ca. 9.000 Litern Milch, 1.225 Kilogramm Fleisch, 589 Kilogramm Hülsenfrüchte und 122 Doppelzentnern Getreide in Rückstand gekommen war.[153] Nachgewiesene Wild-, Nässe- und Saatgutschäden waren nicht anerkannt worden. Doch die Bauern und Handwerker des Dorfes verbündeten sich nach der Urteilsverkündung und befreiten den verurteilten Bauern aus den Händen der Volkspolizei. Und in Stradow im Bezirk Cottbus verfaßten die Dorfbewohner eine Resolution, mit welcher die zuständigen Justizbehörden um die Freilassung des inhaftierten Diplom-Landwirtes Wilhelm Buchan ersucht wurden.[154] Abschließend sei nur noch die ethnische Minderheit der Sorben erwähnt, die im Verlauf der Zwangskollektivierung durch ihre hartnäckige Verweigerung einen gewissen Bekanntheitsgrad erreichte. Die in den Bezirken Cottbus und Dresden ansässigen Sorben fürchteten um ihre Selbständigkeit und ihre nationale Identität und bildeten somit die größte gesellschaftliche Gruppe, die gemeinschaftlich und solidarisch Widerstand gegen die Kollektivierung leistete.[155]

---

[152] Vgl. Deutsche Zeitung und Wirtschafts Zeitung v. 17.08.1961: „Bauer Krägenbrings Widerstand".
[153] Vgl. Werkentin, Falco: Recht und Justiz im SED-Staat. Bonn 1998, S. 24.
[154] Vgl. Fricke, Karl Wilhelm: Opposition und Widerstand, S. 135.
[155] Vgl. Basler Nachrichten, Morgenausgabe v. 01.04.1960:
„Widerstand der Sorben im Spreewald gegen Zwangskollektivierung".

Zunehmend erkannte die bäuerliche Bevölkerung den Staat als Feind, gegen den es sich solidarisch zu widersetzen galt. Infolgedessen wurde die Berliner Angstpropaganda von der forcierten atomaren Aufrüstung Westdeutschlands kaum noch ernst genommen. Doch die SED begründete ihre Kollektivierungsmaßnahmen weiterhin mit der Überzeugung, daß die „Bonner Atomkriegsstrategen" nur mit einer Mehrproduktion von Lebensmitteln zu schlagen seien. Schließlich solle die westdeutsche Bevölkerung erkennen, daß es sich ohne Militaristen und Faschisten besser lebe und diese folglich ihrer Positionen entheben. Diese Mehrproduktion könne aber nur durch die fortschrittliche Landbewirtschaftung in Form von Landwirtschaftlichen Produktionsgenossenschaften erzielt werden. Kurzum: „Nur wer für die LPG ist, ist für den Frieden." Dementsprechend hart ging der Staat allerorten gegen die noch verbliebenen Einzelbauern vor - ganz besonders gegen jene, die sich zu solidarisieren wagten. Im

Kreis Zeulenroda zum Beispiel wurden 150 Agitatoren in ein Dorf mit nur 23 selbständigen Bauern geschickt. Da die massive „Werbung" aufgrund des entschlossenen gegenseitigen Beistands der Landwirte keinen Erfolg zeigte, wurden die angeblichen „Rädelsführer" kurzerhand verhaftet. Anschließend wurde jeder Bauer einzeln bearbeitet, bis er sich dem aufoktroyierten Willen des Staates fügte - oder floh.

Angesichts der vielfachen Überlegenheit der Staatsmacht gelang es der Bauernschaft trotz ihres mitunter gemeinschaftlichen und solidarischen Widerstandes nie, eine überregionale Organisation zum Beispiel nach dem Vorbild der französischen Résistance aufzubauen. Auch die italienische Mafia, die ihren Ursprung in bewaffneten Gefolgschaften der Großgrundbesitzer hatte und sich im Verlauf des 19. Jahrhunderts schließlich zu einer Gegengewalt gegen die Staatsmacht entwickelte, hätte als historisches Beispiel herangezogen werden können. Doch obgleich die Menschen in der ehemaligen DDR unter der Unterdrückung und der Bevormundung der Obrigkeit nicht minder zu leiden hatten als die Franzosen im Zweiten Weltkrieg oder die sizilianische Bevölkerung im Verlauf des 19. Jahrhunderts, konnten sich auf den Dörfern zu keiner Zeit paramilitärische oder subkulturelle Strukturen herausbilden, auf deren Grundlage man dem staatlichen Druck mit vereinter Kraft hätte standhalten können. Die möglichen Gründe dürften vor allem in der systembedingten Überlegenheit des ostdeutschen Staates, den traumatischen Erlebnissen rund um den 17. Juni 1953 und der wenn auch hintergründigen Präsenz der übermächtigen Sowjetunion zu finden sein.

3.4 Handgreifliche Verweigerung und kämpferische Abwehr von Übergriffen:
 Die Landbevölkerung demonstriert Entschlossenheit

Bis zu einem gewissen Grad des staatlichen Sozialisierungsdrucks war es den Bauern möglich gewesen, ihrer Unzufriedenheit mit verbalen Protesten Luft zu machen oder die geforderten Verhaltensweisen in Form von zivilem Ungehorsam weitestgehend zu ignorieren. Selbst bei den o. g. Formen des solidarischen Widerstandes hatten sie in den meisten Fällen ihre Friedfertigkeit bewahren und auf die Anwendung von Gewalt verzichten können. Als die Vertreter von Partei und Staat jedoch begannen, eine bis dahin ungekannte Dreistigkeit und Brutalität an den Tag zu legen, begannen auch die Bauern, ihre Abwehrmaßnahmen zu verschärfen.

So sahen sich die Landwirte der Ortschaft Quastenberg im Kreise Neubrandenburg am 6. August 1954 gezwungen, mehrere Funktionäre der Vereinigung Volkseigener Erfassungs- und Aufkaufbetriebe mit Forken und anderen landwirtschaftlichen Geräten anzugreifen, als diese unter Polizeischutz versuchten, das bäuerliche Getreide zu beschlagnahmen und abzutransportieren.[156] Die Bauern erachteten die hohen Ablieferungssolle als ungerechtfertigt und griffen „zu den Waffen", da angesichts der Anwesenheit von Volkspolizisten keine Hoffnung auf eine friedliche Lösung des Konflikts bestand. Aus ähnlichen Gründen setzten sich auch die Bauern aus dem Dorf Brunn im Kreis Kyritz zur Wehr. Das Soll für Kartoffeln hatte man derartig hoch angesetzt, daß ihnen bei vollständiger Ablieferung keine Saatkartoffeln mehr geblieben wären. Sie erklärten daraufhin, daß sie freiwillig keine Kartoffeln mehr abliefern würden.[157] Ein Tatbestand, der durch die Rundverfügung des Justizministeriums vom 5. März 1953 als „Erscheinungsform des sich verschärfenden Klassenkampfes" mit hohen Haftstrafen belegt wurde.[158] So wurde der Bauer Paul Gross aus der Gemeinde Schwarzenberg zu fünfzehn Jahren Zuchthaus verurteilt, weil er einen Funktionär der SED mit der Mistgabel vom Hof gejagt hatte.[159] Dennoch kam es immer wieder zu Vorfällen dieser Art. In Altentreptow kam es sogar zu einer regelrechten Bauern-Revolte, in deren Verlauf sich zahlreiche Landwirte des Dorfes mit Knüppeln bewaffneten und die „Erfasser" der VEAB in die Flucht jagten.[160] In Teterow und Malchin mündete ein ähnlicher Konflikt in einer heftigen Schlägerei und der Versuch einer Zwangseintreibung von Getreide und Schlachtvieh im Bezirk Neubrandenburg soll sogar ein blutiges Ende genommen haben.[161] Außerdem wurden auf Funktionäre, Erfasser und Agitatoren, die es wagten, die Höfe kooperationsunwilliger Bauern

---

[156] Vgl. Informationsbüro West v. 10.08.1954: „Bauern verjagten Volkspolizisten und Erfasser".
[157] Vgl. Eigenberichte des Ministeriums für gesamtdeutsche Fragen,
EB 36444 v. 12.12.1953: „Zwischenfälle der VP und Bauern".
[158] Vgl. Fricke, Karl Wilhelm: Opposition und Widerstand, S. 133.
[159] Vgl. Neue Zürcher Zeitung v. 23.07.1960: „Der passive Widerstand der ostdeutschen Bauern".
[160] Vgl. Informationsbüro West v. 20.03.1954: „Bauern-Revolte gegen staatliche Zwangserfasser".
[161] Vgl. Informationsbüro West v. 28.08.1954: „Schlägereien bei Zwangseintreibung".

zu betreten, häufig die Hunde gehetzt.[162] Im Verlauf einer erzwungenen Aussprache schlug ein bedrängter Bauer im Bezirk Dresden einem Parteisekretär der MTS sogar ins Gesicht.[163]

Die Liste derartiger handgreiflicher und auch kämpferischer Verweigerung könnte beliebig fortgesetzt werden. Die Bauern hatten begriffen, daß ihrer Freiheit und Selbständigkeit der Krieg erklärt worden war. Erfasser und Funktionäre erschienen fast nur noch in Begleitung eines massiven Polizeiaufgebots, die Justiz ließ den Landwirten keine Chance mehr auf ein gerechtes Verfahren, Haus und Hof konnten jederzeit mit fadenscheiniger Begründung zwangsweise enteignet werden. Vor allem in der Phase der Vollkollektivierung entwickelte sich die „staatliche Unterstützung", von der Ulbricht auf der II. Parteikonferenz gesprochen hatte, zum schieren Terror. Die Fenster der Bauern wurden mitunter die ganze Nacht angestrahlt, die Gehöfte mit Lautsprecherwagen rund um die Uhr beschallt, der Strom abgeschaltet, der Schornstein zugemauert und so mancher Bauer des nachts zum Verhör geholt. Einige Bauern aus den Ortschaften Lüdersdorf und Schulzendorf wurden gefesselt auf einen Folterstuhl gesetzt, der als Sitzfläche nur zwei Eisenstäbe bot. Beugten sie sich vor, schlug man ihnen unters Kinn, lehnten sie sich zurück, boxte man ihnen in den Rücken oder versetzte ihnen einen Hieb auf den Hinterkopf.[164] Die Agitatoren, die man den Landwirten auf die Höfe schickte, wurden von vielen als „Abschaum des Systems", als verkommen, anmaßend und dumm empfunden.[165] Und wer sich den Forderungen dieser „Werber" nicht beugte, wurde als „Freund des Atomkriegshetzers Adenauer" verschrien.[166]

Die Bauern hatten also keine Wahl. Insofern sie nicht bereit waren, sich der terroristischen Gewalt der Staatsmacht zu beugen, blieb ihnen nur der Griff zu den Knüppeln und Mistgabeln. Jene Ablehnung, die sie zuvor in Form von verbalem Protest oder nonkonformen Verhalten noch friedlich hatten bekunden können, mußten sie nun mit Handgreiflichkeiten und roher Gewalt unter Beweis stellen. Stalins Prophezeiungen erfüllten sich tatsächlich: Der „Klassenkampf" auf dem Lande begann sich zu verschärfen.

3.5 „Stichagitationen" und tätlicher Widerstand:
Die Bauernschaft geht in die Offensive

Die bisher dargestellten Formen der Gegenwehr der Landbevölkerung gegen die Kollektivierung in der DDR zählten allesamt zum „defensiven Widerstand", also zur passiven

---

[162] Vgl. Mannheimer Morgen v. 25.04.1960: „Der 'freiwillige' Beitritt zur LPG wurde erpreßt".
[163] Vgl. Osmond, Jonathan, S. 157.
[164] Vgl. BMGF: Die Zwangskollektivierung. Flüchtlingsaussage Nr. 58, S. 55.
[165] Vgl. ebd., Flüchtlingsaussage Nr. 21, S. 39.
[166] Vgl. ebd., Flüchtlingsaussage Nr. 23, S. 40.

Ignoranz oder kämpferischen Abwehr der staatlichen Gewalt. Doch da die Ansprüche der Partei und die Übergriffe der von ihr entsandten Agitatoren und Funktionäre bereits wenige Monate nach der II. Parteikonferenz unerträgliche Ausmaße annahmen, sah sich eine nicht eben geringe Zahl von Bauern bald gezwungen, vom passiven Widerstand zur offensiven Gegenwehr überzugehen. Bereits am 20. Dezember 1952 stellte das Zentralkomitee der SED mit Bestürzung fest, daß sich auf dem Lande die „Terrorakte" häuften. „Besonders stark versuchen großbäuerliche und andere gedungene Elemente die Bildung und Entwicklung von Produktionsgenossenschaften zu hemmen und zu hindern. Sie bedienen sich dabei der Hetze gegen die Produktionsgenossenschaften, der offenen Sabotageakte, Verleumdungen gegenüber fortschrittlichen Genossenschaftsbauern, Überfällen und Einschleichversuchen in die Genossenschaften, um von innen her um so bessere Wühlarbeit leisten zu können."[167]

Der Unmut der zum Widerstand gegen die Kollektivierung entschlossenen Bauern keimte vor allem immer dann auf, wenn in der unmittelbaren Umgebung propagandistische Veranstaltungen abgehalten, eine neue LPG gegründet oder Mitgliederversammlungen bereits bestehender LPGen anberaumt werden sollten. Bei einer Einwohnerversammlung in Gr.-Ammensleben bei Magdeburg wurde die Landrätin des Kreises Womirstedt von den Einwohnern - übrigens ausschließlich Neubauern - lautstark am Reden gehindert. Die Neubauern forderten nämlich fortwährend den Rücktritt und die Inhaftierung der gesamten Regierung. Als die Landrätin daraufhin ein aus sechs schwerbewaffneten Volkspolizisten bestehendes Überfallkommando herbeirief, kam es zu einer gewalttätigen Auseinandersetzung, in deren Verlauf sie mitsamt den SED-Funktionären und der Polizei das Versammlungslokal fluchtartig verlassen mußte.[168] Ähnliche Vorfälle wurden auch aus vielen Orten der Kreise Haldensleben, Tangerhütte und Wanzleben gemeldet. Als in Friedrichsaue im Kreis Seelow am 7. August 1952 einige Bauern in einer Gaststätte offiziell bekanntgaben, daß sie soeben eine LPG gegründet hätten, kam es zwischen ihnen und den sonstigen Anwesenden zu einer heftigen Schlägerei.[169] In Drewitz im Bezirk Cottbus unterbrachen offensichtliche Gegner der Kollektivierung eine Lichtleitung mit einem Kurzschluß, um die Gründungsversammlung einer LPG zu stören,[170] und im Bezirk Gera wurde an einem Aprilabend die Landstraße zwischen zwei Dörfern mit Strauchwerk und Baumstämmen gesperrt, um die Teilnahme der Bauern des einen Dorfes an der Gründung einer LPG im Nachbarort zu verhindern.[171] In Reudnitz wollten

---

[167] Fricke, Karl Wilhelm: Opposition und Widerstand, S. 132.
[168] Vgl. Eigenberichte des Ministeriums für gesamtdeutsche Fragen:
  EB 18580 v. 20.08.1953: „Revolten bei Einwohnerversammlungen".
[169] Vgl. Fricke, Karl Wilhelm: Opposition und Widerstand, S. 132f.
[170] Vgl. Osmond, Jonathan, S. 155.
[171] Vgl. ebd., S. 156.

besonders wagemutige Bauern sogar eine Maschinen-Traktoren-Station gewaltsam auflösen und die landwirtschaftlichen Großgeräte unter sich aufteilen. [172]

Wo immer es SED-Funktionäre oder Vertreter von Staat und Regierung wagten, öffentlich aufzutreten oder Ansprachen zu halten, standen sie einer Front von erbosten Landwirten gegenüber, die sich mit Stöcken und Knüppeln bewaffnet drohend zum Rednerpult vorschoben. Übergriffe dieser Art ereigneten sich so häufig, daß in manchen Bezirken auf den Landkarten der SED-Parteizentralen eine Vielzahl von Dörfern rot umrandet war - nämlich all jene, in denen die Propagandaveranstaltungen mit der Flucht der Parteireferenten durch die Fenster des Saales geendet hatten. Außerdem wurden Autos von SED-Funktionären umgestürzt oder zertrümmert. Mitunter verprügelte man wie in den Gemeinden Burg, Prellack und Haasow auch die Funktionäre selbst.[173] In Lastau im Bezirk Karl-Marx-Stadt wurden der Kreisstaatsanwalt und der Abschnittsbevollmächtigte der Volkspolizei auf offener Straße niedergeschlagen und im Ort Cotta bei Pirna kam es zu schweren handgreiflichen Auseinandersetzungen zwischen Vertretern der Partei und der Bauernschaft, in deren Verlauf die am Vorstandstisch sitzenden Funktionäre mit Bierflaschen und Stuhlbeinen angegriffen wurden.[174] Außerdem kam es allerorten zu sogenannten „Stichagitationen" wie dem Abreißen oder Beschädigen von Plakaten, dem Anschmieren von Hakenkreuzen oder die Errichtung von symbolischen Galgen auf dem Dorfplatz. Vor dem Haus des Gemeinderates eines Dorfes im Bezirk Suhl fanden sich am Morgen des 1. April 1960 sogar sechs Patronenhülsen, auf denen „Wir sind noch da" geschrieben stand.[175]

Die Staatsführung erkannte diese deutlichen Zeichen jedoch nicht, sondern schrieb die sich häufenden Vorfälle auf dem Lande abermals der stalinschen These von der Gesetzmäßigkeit des sich verschärfenden Klassenkampfes zu. Je heftiger und gewalttätiger die Auseinandersetzungen auf den Dörfern wurden, desto bestätigter fühlte sich die Parteispitze der SED in ihrer marxistisch-leninistischen Weltsicht. Dementsprechend erwies es sich für die Bauern immer häufiger als geradezu lebensgefährlich,
offen gegen die Vertreter von Staat und Partei zu agieren. Denn ganz gleich mit welcher Entschlossenheit Agitatoren und Funktionäre vertrieben wurden - sie kehrten stets mit einer Übermacht von Polizisten und Angehörigen des Staatssicherheitsdienstes zurück und stellten

---

[172] Vgl. Allgemeine Zeitung - Neuer Mainzer Anzeiger v. 02.03.1957: „Mitteldeutsche Bauern begehren auf".
[173] Vgl. Berliner Morgenpost v. 30.03.1960: „Offener Aufruhr in Spreewald-Dörfern".
[174] Vgl. Frankfurter Neue Presse v. 15.08.1956: „Erregte Bauern verprügeln Funktionäre der SED".
[175] Vgl. Osmond, Jonathan, S. 156f.

die verantwortlichen Bauern vor Gericht. Angesichts der erschreckend hohen Haftstrafen, die für handgreiflichen Widerstand und tätliche Angriffe verhängt wurden, zogen es bald viele Bauern vor, eher heimliche Gegenwehr zu leisten und der staatlichen Kollektivierungspolitik mit Sabotageakten und Formen der „Diversion" entgegenzutreten.

3.6 Sabotage und „Diversion": Aktive Gegenwehr im Verborgenen

Eine besonders weit verbreitete Form des Widerstandes gegen die Sozialisierung der Landwirtschaft war die heimliche Beschädigung oder Zerstörung von Produktionsmitteln: die Sabotage. In der ehemaligen DDR sah man die Tatbestände der Sabotage und der Diversion als eng verknüpft an, da letztere als Störmanöver gegen die politische, wirtschaftliche und militärische Macht des Staates angesehen wurde. Unter Diversion verstand man im ostdeutschen Teilstaat ein ideologisches „Fehllaufen", ein Streben in eine falsche, nicht linientreue Richtung. So fielen unter das „Verbrechen" der „ideologischen Diversion" bereits die Aufforderung zum Austritt aus der Genossenschaft, Nachlässigkeiten bei der Erfüllung von Pflichten sowie die mangelnde Pflege oder Versorgung des Viehs.[176] Als Sabotage indessen galt bewußte und gezielte Zerstörung oder Beschädigung von Produktionsmitteln zum Beispiel in Form von Brandstiftung. In jedem Fall aber wurden Ereignisse dieser Art seitens der SED als gefährliche Auswüchse des Klassenkampfes interpretiert.

Um den abgelehnten Aufbau der sozialistischen Gesellschaftsordnung auf dem Lande und der kollektiven Bewirtschaftung von Grund und Boden nachhaltig zu hemmen, wurden Nutztiere heimlich geschlachtet, Zugvieh mit Nägeln gefüttert oder vergiftet, Getreidevorräte und Scheunen in Brand gesteckt oder Maschinen und Geräte unbrauchbar gemacht. So kam es folglich immer wieder zur Verurteilung von Landwirten wegen „Schädlingstätigkeit". So wurde der 55 Jahre alte Bauer Ernst Jonas, ein Mitglied der LPG „Am Sund" in Voigdehagen im Kreis Stralsund, zu vier Jahren Zuchthaus verurteilt, weil er Mitglieder der Feldbaubrigade dazu aufgewiegelt haben soll, die Arbeit niederzulegen oder zumindest langsamer zu arbeiten.[177] Wegen eines ähnlichen Vergehens wurden drei 19jährige aus Zwönitz im Landkreis Karl-Marx-Stadt zu je zwei Jahren Gefängnis verurteilt. In ihrem Fall wurde das Urteil damit begründet, daß die Bauernsöhne versucht hätten, die „sozialistische Umgestaltung auf dem Lande" aufzuhalten.[178] Des weiteren wurde im Dezember 1953 in der Landwirtschaftlichen Produktionsgenossenschaft „Otto Grotewohl" im Kreis Halberstadt ein Feuer gelegt, das erhebliche Mengen an Getreide, Kunstdünger und Maschinen vernichtete. Nach Ansicht der

---

¹⁷⁶ Vgl. Neue Zürcher Zeitung v. 23.07.1960: „Der passive Widerstand der ostdeutschen Bauern".
¹⁷⁷ Vgl. Frankfurter Allgemeine Zeitung v. 09.05.1961: „Zuchthaus für einen Zonenbauer".
¹⁷⁸ Vgl. Die Welt v. 12.07.1960: „Drei Bauernsöhne zu Gefängnis verurteilt".

SED-Zeitung „Volksstimme" handelte es sich dabei um einen Sabotageakt, der von „Feinden der Deutschen Demokratischen Republik" verübt worden war. Überhaupt mehrten sich vor allem im Frühjahr 1960 die Brandstiftungen auf dem Lande. Allein in der ersten Monatshälfte des März wurden zwanzig Brände in sozialistischen Landwirtschaftsbetrieben festgestellt.[179] Noch in der letzten August- bzw. der zweiten Septemberwoche kam es zu 15 bzw. 10 Großfeuern in der Landwirtschaft.[180] Ob die Brände mit Absicht gelegt wurden, konnte nicht mit endgültiger Sicherheit festgestellt werden. Die plötzliche Häufigkeit dieser Vorfälle scheint jedoch ein sicheres Indiz dafür zu sein. Nur wenige Fälle konnten so vollständig aufgeklärt werden, wie der Brand in der LPG Mangelrode im Kreis Heiligenstadt, Bezirk Erfurt. Ein privater Gastwirt des Dorfes hatte eine Scheune in Flammen aufgehen lassen, weil er die Entwicklung der LPG nachhaltig zu hemmen beabsichtigte. Der Täter wurde gefaßt.[181] Als abschließendes Beispiel für bewußte Sabotage sei die Tat des Gärtnermeisters Arnold Hamm aus Dahmsdorf in Brandenburg genannt, der ein Treibhaus mit Schwefel ausgaste, so daß sämtliche Pflanzen eingingen.[182] Ergo wurden Anschläge nicht nur auf Landwirtschaftliche Produktionsgenossenschaften, sondern auch auf andere Betriebe sozialistischer Prägung verübt, wie zum Beispiel auf die VEG oder die oben genannte Gärtnerei.

Obgleich sich die Landbevölkerung nicht eben selten mit Akten der Sabotage und der Diversion gegen die von Partei und Staat aufoktroyierte gesellschaftliche Umwälzung zur Wehr setzte bzw. derartige Formen des Widerstandes im Verborgenen häufig als Ventil für ihre Frustration und Verbitterung nutzte, sind nur wenige Fälle von Sabotage und Diversion konkret dokumentiert, da die Täter zumeist nicht ermittelt werden konnten. Auch verläßliches Zahlenmaterial über Brandstiftungen oder Viehvergiftungen ist kaum vorhanden, so daß auch generelle Aussagen über das genaue Ausmaß der heimlich-aktiven Gegenwehr der Landbevölkerung nur bedingt möglich sind. Sicher ist nur, daß es Sabotage und Diversion gegeben hat, und daß diese beiden Formen des Widerstands im Verborgenen weit verbreitet waren und häufig angewandt wurden.

3.7 Angebliche „Schädlingstätigkeit" und „fortgesetzte Wirtschaftsverbrechen":
Der Widerstand, der keiner war
Wie bereits im vorigen Kapitel erläutert wurde, zählten die Sabotage und die Diversion zu jenen „Verbrechen", deren Tatbestände sich in der ehemaligen DDR relativ leicht erfüllen ließen. Ein

---

[179] Vgl. Osmond, Jonathan, S. 160.
[180] Vgl. ebd.
[181] Vgl. ebd.
[182] Vgl. ebd., S. 162.

offenes Gespräch über die Mißstände in der Landwirtschaft, ein nicht ordnungsgemäß gereinigter Kuhstall oder ein unerfülltes Ablieferungssoll, und politisch unliebsame Landwirte gerieten in die Fänge der Justiz. Doch ganz gleich, ob nun die SED- und Staatsführung in ihrer ideologischen Verblendung tatsächlich davon überzeugt war, die Arbeiter und Bauern wirklich im Kampf gegen die allgegenwärtigen Feinde ihrer Klasse zu unterstützen oder ob es sich bei dem gesamten Aufbau des Sozialismus nur um eine euphemistische Tarnung totalitärer Machtgier einer elitären Minderheit gehandelt hat - in jedem Fall wurde von seiten des Staates eine Reihe von unterschiedlichsten bäuerlichen Verhaltensweisen und eine Vielzahl von mitunter belanglosen Ereignissen als Zeichen oder als Folge von bewußtem Widerstand angesehen, der im eigentlichen Sinne gar kein wirklicher Widerstand war. Somit wurden Partei und Staat mit ihrer latent paranoiden Gesellschaftspolitik zum direkten Urheber einer scheinbaren Gegenwehr, die sich für die Zwecke der SED ideal instrumentalisieren ließ.

So wurde beispielsweise im April 1953 der Bauer Sch. zu drei Jahren Gefängnis verurteilt, da dieser in West-Berlin sieben Pfund Gänsefedern verkauft hatte, um sich dringend benötigte Arbeitsschuhe leisten zu können. Dieser Tatbestand wurde von dem zuständigen Staatsanwalt als ganz besonders verwerflich beklagt, da die Gänsefedern somit nun nicht mehr einem werktätigen und für den Weltfrieden kämpfenden Bauern zur Verfügung ständen, sondern einem unerwünschten imperialistischen Militaristen zu unverdient angenehmer Nachtruhe dienlich wären.[183] Noch drastischer fiel die Freiheitsstrafe des Bauern Günter Kleinschmidt aus, der in West-Berlin Marderteile veräußert hatte und dies den Tatbestand eines Devisenvergehens erfüllte. Er mußte für insgesamt fünf Jahre ins Gefängnis.[184] Ein anderer Bauer wurde sogar zu sechs Jahren Zuchthaus mit anschließenden fünf Jahren Berufsverbot verurteilt. Der ansonsten unbescholtene Landwirt aus Blankenhagen hatte einige Gänse geschlachtet, um die auf seinem Hof tätigen Menschen ernähren zu können.[185] Und der Acker-bauberater Alfred Dechow aus Falkenhagen im Kreis Grevesmühlen mußte insgesamt zwei Jahre auf seine Freiheit verzichten, da es ihm nicht gelungen war, das Ablieferungssoll zu erfüllen.[186] Das jedoch mit Abstand unglaublichste all dieser „Wirtschaftsverbrechen" beging ein 28jähriger Bauer einer LPG. Der junge Landwirt hatte nichttragende Sauen auf die Koppel geführt und damit gegen die Anweisung des LPG-Vorsitzenden verstoßen. Ein Wildeber nutzte die Gelegenheit, sorgte für gestreiften Nachwuchs unter den genossenschaftlichen Schweinen und brachte den jungen LPG-Bauern damit vor das Rostocker Bezirksgericht. Denn da das vorgeschriebene

---

[183] Vgl. Werkentin, Falco: Recht und Justiz im SED-Staat. Bonn 1998, S. 26f.
[184] Vgl. Pätzold, Horst: Zersetzungsmaßnahmen im Zuge der Kollektivierung, S. 180.
[185] Vgl. Pätzold, Horst: Mittel und Methoden zur Durchsetzung der Kollektivierung, S. 254.
[186] Vgl. Informationsbüro West v. 03.07.1954: „Zuchthausstrafe für unbestellt gelassene Ackerflächen".

Ablieferungssoll wegen der illegalen Mutterschaften nicht erfüllt werden konnte, soll der Produktionsgenossenschaft ein Schaden von umgerechnet 44.000 DM entstanden sein. Das Gericht wertete die Tat des Genossenschaftsbauern als „politisch unklares Bewußtsein".[187] Obgleich also all diese hier aufgeführten Fälle und Ereignisse objektiv betrachtet in keiner Weise als Ausdruck oder Resultat einer gegnerischen Grundhaltung erscheinen, wurden „Tatbestände" wie diese von der ostdeutschen Justiz als „Wirtschaftsverbrechen", „Staatsverbrechen", „Schädlingstätigkeit", „Sabotage" oder eben auch „Diversion" mit hohen Haftstrafen belegt.

Ferner verurteilte das Bezirksgericht Potsdam den 56jährigen Vorsitzenden der LPG „Freie Erde" in Ganzer, Kreis Kyritz, und dessen Stellvertreter zu viereinhalb bzw. fünf Jahren und drei Monaten Zuchthaus. Die Herren Paul Meyer und Walter Stuht hatten versucht, die sozialistische Umgestaltung der Landwirtschaft nachhaltig zu hemmen, indem sie die Aufmerksamkeit der Genossenschaftsbauern auf die privaten Hauswirtschaften fokussierten.[188] Tatbestände wie diese wurden von offizieller Seite als „Verhetzung der Landbevölkerung" und als „Anwendung verbrecherischer Sabotagemethoden" angeprangert.[189] Die typischen Beschuldigungen lauteten zumeist „Nichterfüllung des Viehhalteplanes", „Abweichung vom Anbauplan", „Nichterfüllung des Solls in pflanzlichen oder tierischen Produkten", „unerlaubtes Schlachten von Geflügel", „Nichteinhalten von Ernteterminen", „Verfütterung von Hafer an die Pferde vor Erfüllung des Getreidesolls", „Rückhaltung von Zahlungsmitteln" und „Nichtanzeigen von Fluchtvorbereitungen der Nachbarn." Gegen Groß- und Mittelbauern wurden in der Regel eher folgende Anklagepunkte erhoben: „Ausbeutung der auf den Höfen tätigen Arbeiter", „Überschreitung der Arbeitszeiten", „unzulängliche Abführung von Sozialleistungen", „Aufkauf von Getreide auf dem freien Markt zum Zweck der Verfütterung an das eigene Vieh" oder „Kompensationsgeschäfte, z.B. für die Instandhaltung der Technik".

War eine derartige Beschuldigung erst einmal erhoben, so gab es für den Betroffenen in der Regel keine Rettung mehr. So wurden die Bauern Paul Witt aus Holldorf, Hermann Jordan aus Loitz und Willi Blumhagen aus Gramelow wegen Sabotage verurteilt, da sie sich standhaft weigerten, ihren Zahlungsverpflichtungen gegenüber der MTS Quastenberg nachzukommen. Obgleich die drei Landwirte stichhaltig beweisen konnten, daß ihrerseits überhaupt keine Zahlungsverpflichtungen gegenüber der MTS bestanden, wurden sie vom Staatssicherheits-

---

₁₈₇ Vgl. Kölnische Rundschau v. 27.06.1961: „LPG-Schweine liebten illegal".
₁₈₈ Vgl. Informationsbüro West v. 21.03.1960:
„Zuchthausurteile gegen LPG-Vorsitzende wegen 'Schädlingstätigkeit'".
₁₈₉ Vgl. Deutsche Zeitung und Wirtschafts Zeitung v. 16.07.1960: „'Klassenfeind' im Kolchos".

dienst festgenommen und inhaftiert. Ob und wann sie wieder freikamen, ist unbekannt.[190] Der Bauer H. aus einem kleinen Dorf in der Nähe von Magdeburg wurde am 21. Januar 1960 bei einer Hausschlachtung verhaftet, obgleich diese von den entsprechenden Behörden genehmigt worden war. Da dies als Begründung einer Haftstrafe folglich nicht genügte, schob man ihm zwei alte Kriegswaffen unter und behauptete, er hätte sieben Jahre zuvor in einer Gaststätte faschistische Lieder gesungen. Bauer H. wurde wegen „staatsgefährdender Hetze" und unberechtigtem Waffenbesitz zunächst zu drei, in einem Berufungsverfahren schließlich „nur" noch zu zwei Jahren Zuchthaus verurteilt.[191] Und der Bauer Friedrich-Wilhelm von der Ahe aus Deyelsdorf im Kreis Grimmen wurde zu fünf Jahren und sechs Monaten verurteilt, da bei einer Hausdurchsuchung eine Festschrift zur Silberhochzeit des Verhafteten gefunden wurde, die angeblich faschistische und hetzerische Verse beinhaltete, die jedoch nach Zeugenaussagen niemals verlesen worden waren.[192] Als abschließendes Beispiel besonders fadenscheiniger Anklagepunkte sei nur noch der Großbauer Wilhelm Altschulze erwähnt, der im Jahre 1953 vom Kreisgericht Lübben wegen des Wirtschaftsverbrechens der Nichterfüllung seiner Ablieferungspflichten zu zwei Jahren und zehn Monaten Zuchthaus sowie Vermögenseinzug verurteilt wurde. Ihm wurde vorgeworfen, sich nicht die neuesten Arbeitsmethoden auf dem Gebiet der Schweinezucht angeeignet und außerdem drei Ziegen gehalten zu haben, die in zwei Jahren 50 Zentner Heu verbraucht hätten, ohne jedoch irgendeinen produktiven Nutzen zu erbringen. Anderen Tieren wären diese Futtermittel somit entzogen und die Gesamtproduktion folglich gehemmt worden.[193]

All diese Urteile wurden gefällt, um den Widerstand der selbständigen Bauern zu brechen bzw. um rebellierende Genossenschaftsbauern wieder gefügig zu machen. Die gesamte Bauernschaft sollte eingeschüchtert und die dörfliche Solidarität zersetzt werden. Um die damit einhergehenden Maßnahmen wie z.B. die hohen Haftstrafen zu legitimieren, „erfanden" bzw. „erkannten" Partei und Staat allerorten „staats-gefährdenden Widerstand", der von subversiven Elementen ausging und sich direkt oder indirekt gegen die Klasse der friedliebenden Arbeiter und Bauern wandte und dementsprechend gnadenlos bekämpft werden mußte. Doch wie aufgezeigt werden konnte, handelte es sich dabei nach rechtsstaatlichen Grundsätzen um einen Widerstand, der im eigentlichen Sinne gar kein Widerstand war.

---

[190] Vgl. Informationsbüro West v. 05.02.1954: „Bauern wegen 'Sabotage' verhaftet".
[191] Vgl. Werkentin, Falco: Recht und Justiz im SED-Staat. Bonn 1998, S. 47f.
[192] Vgl. Pätzold, Horst: Zersetzungsmaßnahmen im Zuge der Kollektivierung, S. 186.
[193] Vgl. Franzky, Astrid; Franzky, Hans, S. 101-104.

<u>3.8 Die Flucht aus der Heimat: Endgültige Verweigerung durch Entzug</u>

Die Bauern hatten protestiert, sie hatten sich verbal zur Wehr gesetzt, ihren Unmut bekundet und sich standhaft geweigert, ihr Verhalten den Vorgaben der SED anzupassen. Sie hatten versucht, nicht zu kooperieren, sich gegenseitig zu unterstützen und die Übergriffe der Agitatoren und „Erfasser" abzuwehren. Sie hatten sogar zu den Forken und Knüppeln gegriffen, hatten Funktionäre verprügelt und Vertreter von Staat und Regierung mit Gewalt verjagt. Und dennoch mußten sie sich am Ende eingestehen, daß sie der Übermacht des totalitären Staates, in dem sie lebten, nicht gewachsen waren. Am Ende blieb ihnen nur die Wahl, sich der Gewalt zu beugen oder

sich ihr für immer zu entziehen. Eine Vielzahl von Bauern entschied sich für letzteres, für die endgültige Verweigerung durch Entzug. Es war die einzige ihnen verbliebene Möglichkeit, ihre Ablehnung und ihre gegnerische Einstellung, ihren widerständigen Ungehorsam zum Ausdruck zu bringen. Auch wenn es paradox erscheinen mag: die letzte Chance, dem totalitären System entgegenzutreten, bestand für die Bauern darin, ihm den Rücken zuzukehren. Nicht umsonst wurde die Massenflucht von insgesamt über vier Millionen Menschen in den Jahren 1945 bis 1961 als „Abstimmung mit den Füßen" bezeichnet.[194]

Zunächst hatten es viele Bauern dabei belassen, sich vor den Werbern oder sonstigen Vertretern von Staat und Partei im Keller, im Stall, auf den Feldern oder im Wald zu verstecken. Doch manchmal folgte man ihnen sogar bis in die entlegensten Winkel der dörflichen Umgebung.[195] Die Methoden, mit denen die „Werbungen" durchgeführt wurden, trieben die Bauern zur Verzweiflung, ja fast in den Wahnsinn. Sprechchöre, Trompeten, unnachgiebige Agitatoren, die ihren Opfern in die Häuser und auf die Felder folgten, Plakate mit öffentlichen Diffamierungen, mehrtägige Beschallungen der Gehöfte und die erpresserischen Abgabeverpflichtungen verjagten die Bauern regelrecht aus ihrer Heimat. Als Einzelbeispiel sei der Bauer Max Schmidt genannt, dessen Sohn an der Technischen Hochschule Dresden studierte. Schmidt weigerte sich hartnäckig, einer LPG beizutreten, bis schließlich unumwunden damit gedroht wurde, seinen Sohn der TH zu verweisen. Da gab Bauer Schmidt die Hoffnung auf und floh mit der gesamten Familie nach West-Berlin.[196] Andere Landwirte zogen es indessen vor, sich zunächst „kollektivieren zu lassen" und anschließend zu flüchten. So flohen aus der LPG „Neues Leben" in Wolgast, Bezirk Rostock, der Vorsitzende Antoszewski samt Ehefrau und einigen anderen LPG-Mitgliedern in den Westen. Nicht einmal

---

¹⁹⁴ Vgl. Neubert, Ehrhart: Geschichte der Opposition, S. 68.
¹⁹⁵ Vgl. BMGF: Die Zwangskollektivierung. Flüchtlingsaussage Nr. 33, S. 43.
¹⁹⁶ Vgl. ebd., Flüchtlingsaussage Nr. 17, S. 36.

drei Monate hatten sie das „neue Leben" in der gleichnamigen LPG ertragen.[197] Selbst nicht in der Landwirtschaft tätige Personen hielten oftmals dem Terror auf dem Dorfe nicht mehr stand. So zum Beispiel Hans Schwerdtfeger, Bürgermeister der Gemeinde Quadenschönfeld, Kreis Neustrelitz, Bezirk Neubrandenburg, der am Sonnabend, dem 5. März 1960, den Auftrag erhielt, ein sogenanntes „Revolutionskomitee" zu gründen, welchem er anschließend die Namen der verbliebe-

nen Einzelbauern preiszugeben hatte. Diese wurden vor das Komitee geladen und sollten dort eine Eintrittserklärung in die LPG unterschreiben. Weigerten sie sich, so wurden sie auf unmenschliche Art und Weise bedrängt und schikaniert. Nach einigen wenigen Tagen hielt es Hans Schwerdtfeger, bis dahin überzeugtes Mitglied der SED, nicht mehr länger aus, seine langjährigen Nachbarn derartig verzweifelt zu sehen, und floh in den Westen.[198]

Bereits in den ersten Nachkriegsjahren hatten die drei westlichen Besatzungszonen mehrere Hunderttausend Flüchtlinge aus der Sowjetzone aufnehmen müssen. Es wird geschätzt, daß es etwa 440.000 Menschen waren, die den deutschen Osten in den Jahren 1945 bis 1949 verließen.[199] Bis zum 17. Juni 1953 sollen es insgesamt sogar 800.000 gewesen sein, die der Sowjetischen Besatzungszone bzw. der Deutschen Demokratischen Republik den Rücken kehrten und in den Westen emigrierten.[200] Falls diese Zahlen zutreffend sind, so würde dies bedeuten, daß die Gesamtzahl der Flüchtlinge auch nach der Gründung der DDR zunächst unverändert blieb. Im Jahre 1953 stieg die Anzahl der geflüchteten Personen jedoch rapide an. Mit 331.390 Fällen von „Republikflucht" erreichte sie ihr bis dahin höchstes Maß.[201] Allein im März 1953 waren es 58.605 Personen, deren Verzweiflung größer als die Angst vor einem neuen Anfang fern der Heimat geworden war.[202] So wurden täglich rund 70 Bauernhöfe und somit etwa 4000 Morgen Land herrenlos.[203] Alles in allem sind zwischen den Jahren 1952 und 1956 etwa 70.000 Betriebe aufgegeben worden.[204] Im Jahr 1954 sank die Gesamtzahl der Flüchtlinge dank der ersten Erleichterungen des „Neuen Kurses" auf 185.000 ab, doch bereits 1955 stieg sie erneut auf etwa 250.000 an, im Folgejahr sogar auf 280.000.[205] Doch die

---

[197] Vgl. Die Welt v. 03.05.1960: „Flucht aus der Kolchose 'Neues Leben'".
[198] Vgl. BMGF: Die Zwangskollektivierung. Flüchtlingsaussage Nr. 10, S. 32f.
[199] Vgl. Bundesministerium für Gesamtdeutsche Fragen (Hg.): Die Flucht aus der Sowjetzone und die Sperrmaßnahmen des Kommunistischen Regimes vom 13. August 1961 in Berlin. 2., durchgesehene Auflage, Bonn, Berlin 1961, im folgenden zitiert als „BMGF: Die Flucht aus der Sowjetzone", S. 15.
[200] Vgl. Neubert, Ehrhart: Geschichte der Opposition, S. 68.
[201] Vgl. BMGF: „Die Flucht aus der Sowjetzone", S. 15.
[202] Vgl. ebd.
[203] Vgl. Echo der Zeit, Münster v. 22.02.1953: „Ein Dorf verschwindet über Nacht".
[204] Vgl. Staritz, Dietrich: Geschichte der DDR 1949-1985. Frankfurt am Main 1985, S. 92.
[205] Vgl. Neubert, Ehrhart: Geschichte der Opposition, S. 133.

wirtschaftliche Lage entspannte sich wieder, so daß es 1957 „nur" 260.000, 1958 dann 205.000 und 1959 schließlich 145.000 Menschen waren, die sich der DDR endgültig verweigerten und entzogen.[206] Doch 1960 stieg die Zahl der endgültig Entmutigten aufgrund der Zwangskollektivierung wieder auf 200.000 an - nun mit einem besonders hohen Anteil an Flüchtlingen aus der Landbevölkerung.[207] Allein in den ersten elf Wochen des Jahres baten in West-Berlin 525 selbständige Bauern mit 779 Familienangehörigen um politisches Asyl.[208] In den Monaten März bis Mai stieg diese Zahl sogar auf 5.706 Personen an.[209] Die Zahlen, die in den Berichten der „Deutschen Volkspolizei" und des „Ministeriums des Innern" zu finden sind, weichen mit etwa 3.000 Geflüchteten im Februar und März 1960 kaum von den westdeutschen Angaben ab.[210] En detail sollen unter diesen 3.000 Personen 1.263 Berufstätige gewesen seinen, von denen wiederum 435 Arbeiter und Angestellte von Landwirtschaftlichen Produktionsgenossenschaften und Volkseigenen Gütern, 387 LPG-Bauern, 312 Einzelbauern, 26 Großbauern und 103 Arbeiter und Angestellte der Maschinen-Traktoren-Stationen gewesen sein sollen.[211] Im übrigen befand sich unter den Flüchtlingen auch eine hohe Anzahl an Neubauern, den einstigen Günstlingen der demokratischen Bodenreform. Nicht einmal diese zunächst in jeder Form bevorteilte Bevölkerungsschicht hatten die Machthaber des „Arbeiter- und Bauernstaates" dauerhaft von der Überlegenheit des Sozialismus überzeugen können.[212]

Eine Analyse der primären Fluchtgründe ergab, daß sich 44 % der im Jahre 1958 geflüchteten Personen wegen überwiegend politischer Momente (aktive politische Opposition, politische Vorbehalte, politischer Druck, sonstige Oppositionsformen), weitere 6 % wegen hauptsächlich religiöser oder ethischer Gründe (Zwang zur Jugendweihe, Behinderung religiöser Tätigkeiten, ethische Bedenken und Vorbehalte), 28% wegen beruflicher oder betrieblicher Bedenken (gefährdete oder ungesicherte berufliche Existenz, kein berufliches Fortkommen, schlechtes Arbeitsklima, unbefriedigter beruflicher Ehrgeiz) und 20% im wesentlichen aufgrund unpolitischer Motive (persönliche, familiäre oder materielle Gründe) zur Flucht in den Westen entschlos-sen.[213] Nur zwei Prozent der Befragten machten keine Angaben.[214]

---

[206] Vgl. ebd.
[207] Vgl. ebd.
[208] Vgl. Informationsbüro West v. 25.03.1960:
„In 11 Wochen 525 Bauern mit Familienangehörigen geflüchtet".
[209] Vgl. BMGF: Die Flucht aus der Sowjetzone, S. 17.
[210] Vgl. Osmond, Jonathan, S. 160f.
[211] Vgl. ebd.
[212] Vgl. Stuttgarter Nachrichten v. 23.03.1960: „Der Bauer Griechen verweigerte die Unterschrift".
[213] Vgl. Deutscher Bundestag: Ausschuß für Gesamtdeutsche und Berliner Fragen:
Die Intelligenzschicht in der Sowjetzone Deutschlands. Band 2: Analyse der Fluchtgründe.
Parlamentsarchiv des Deutschen Bundestages, Akte 4 / 292 II. Bonn 1959, S. 8.
[214] Vgl. ebd.

Die Fluchtmethoden waren in den meisten Fällen geradezu abenteuerlich. So riß zum Beispiel eine vierköpfige Bauernfamilie den Stacheldrahtverhau an der Zonengrenze ein und flüchtete auf einem mit Kühen bespannten Ackerwagen durch die selbstgeschlagene Bresche in den Westen.[215] Auf weitere Beispiele soll an dieser Stelle aufgrund des hohen Bekanntheitsgrades der unzähligen Fluchtmethoden verzichtet werden. Erwähnt sei nur noch, daß es nicht nur eine große Zahl von Flüchtlingen, sondern auch eine Unmenge an Fluchthelfern gab. Selbstverständlich wurden auch diese im Falle einer Ergreifung verhaftet und verurteilt. So zum Beispiel der Bauhilfsarbeiter Gerhard Nölle, der einen Genossenschaftsbauern aktiv bei dessen Flucht unterstützte. Mit der Begründung, einen Verrat am Arbeiter- und Bauernstaat begangen zu haben, wurde Nölle zu acht Monaten Gefängnis verurteilt.[216] Somit leisteten also nicht nur die Flüchtlinge selbst einen letzten Widerstand gegen Partei und Staat, sondern in vielen Fällen auch ihre Angehörigen oder sonstige, ihnen nahestehende Personen. Jeder in West-Berlin oder in Westdeutschland aufgenommene Flüchtling war ein lebendiges Symbol der Unterdrückung und der Tyrannei, war Bote eines geknechteten Volkes. Allein aus diesem Grund schon stellte die Flucht mitsamt der anschließenden, zumeist bereitwilligen Berichterstattung einen Akt des Widerstandes dar. Schließlich hatte Ulbricht bekanntermaßen verkündet, die westdeutsche Bevölkerung von der Überlegenheit des Sozialismus überzeugen und Deutschland auf dem Wege der hocheffektiven genossenschaftlichen Produktionsweise wiedervereinigen zu wollen. Was konnte einem derartigen Ziel abträglicher sein als eben jene geflüchteten Bauern, die zu Tausenden von Angst und Schrecken in den ostdeutschen Dörfern zu erzählen wußten?

3.9 „Eher gehe ich aufs Schafott, als daß ich in die Kolchose eintrete!"[217]
 Suizid als Symbol der Ablehnung, der Verweigerung und der Resistenz
Die Flucht in den Westen war nicht die einzige Form der endgültigen Verweigerung, die den Bauern am Ende aller Hoffnung als letzter Ausweg noch offen stand. Neben der Flucht aus der Heimat gab es noch eine weitere Art des unwiderruflichen Entzuges: die Flucht aus dem Leben. Nicht eben wenige Bauern sahen besonders zur Zeit der brutalen Zwangskollektivierung keinen anderen Ausweg mehr, als sich vor lauter Verzweiflung das Leben zu nehmen, da sie als freiheitsliebende, ehrgeizige und selbständige Menschen nicht zum angestellten Bewirtschafter ihres ehemals eigenen Grund und Bodens werden wollten, sich andererseits aber dem Ort ihrer Geburt zu sehr verbunden fühlten, um diesen verlassen und in einem „anderen Deutschland" ganz von vorne beginnen zu können. So wählten also viele von ihnen die Selbstaufgabe als

---

[215] Vgl. Die Welt v. 30.03.1960: „Bauer riß Grenzverhau ein".
[216] Vgl. Informationsbüro West v. 06.03.1961:
„Bauarbeiter büßte Fluchthilfe für seinen Bruder mit Gefängnisstrafe".
[217] Die Welt v. 25.03.1960: „Die Suche nach dem Bauern Lidtke".

letztes Symbol der Ablehnung und der Verweigerung. Ein Bauer namens Lidtke soll es einmal wie folgt ausgedrückt haben: „Eher gehe ich aufs Schafott, als daß ich in die Kolchose eintrete!"[218]

Als Beispiele dieser „Republikflucht mit Todesfolge" seien der Bauer Alois Schütz aus dem Kreis Suhl genannt, der solange von den Agitatoren terrorisiert wurde, bis er das Eintrittsformular in die LPG schweren Herzens unterschrieb. Anschließend schickte er seine Frau und Tochter nach Berlin, vergiftete das Vieh und nahm sich das Leben.[219] In Bergen in der Gemeinde Neuwiese, Kreis Hoyerswerda, erhängte sich der Bauer Pielopp aus Protest gegen die drohende Vergenossenschaftlichung seines Gutes im Stall und in Badingen im Kreis Gransee brachte sich der 56jährige Großbauer Emil Kersten um, da er die unaufhörlichen Diffamierungen nicht mehr länger ertrug.[220] In Eckertsberga im Kreis Naumburg schied am 6. Oktober 1953 sogar ein Ehepaar willentlich aus dem Leben. Bauer Walter Meißner und Ehefrau Rosa konnten das Ablieferungssoll nicht erfüllen und fürchteten eine Verhaftung wegen „Sabotage".[221] Und in der Gemeinde Pragsdorf im Kreis Neubrandenburg erhängte sich der 36 Jahre alte Neubauer Klöhn nachts in seinem Stall, da er nicht gewillt war, sich dem massiven Kollektivierungsdruck zu beugen, den Eintritt in die LPG aber nicht mehr länger verweigern konnte.[222] Es hatte ihm nichts genützt, sich auf den Punkt 7 der LPG-Musterstatuten zu berufen, in denen unmißverständlich zu lesen stand, daß der Eintritt in die Produktionsgenossenschaft nur auf Grund freiwilliger Zustimmung erfolgen dürfe.[223]

Obgleich in den ersten drei Monaten des Jahres 1960 allein von evangelischen Pfarrern 38 Selbstmorde bekundet wurden, die direkt auf die Zwangsmaßnahmen des Staates zurückzuführen waren,[224] scheute sich die SED auf der 8. Tagung des Zentralkomitees nicht davor, die völlige Einmütigkeit von Partei und Bevölkerung hinsichtlich der Agrarpolitik der DDR festzustellen.[225] Zu der bedenklich hohen Zahl von Suiziden äußerte sich das Zentralkomitee jedoch nicht. Während sich in Domsdorf eine Bäuerin das Leben nahm,[226] sich in Calbe an der Saale ein Bauer ertränkte und ein anderer sich in der Gemeinde Falkenberg in seinem Stall erhängte,[227] feierte Walter Ulbricht die „endgültige Befreiung der Bauern" und

---

[218] Ebd.
[219] Vgl. Kölnische Rundschau v. 22.05.1960: „Sturm über der Scholle".
[220] Vgl. Deutsche Zeitung und Wirtschafts Zeitung v. 16.04.1960: „Alle Bauern in Kolchosen".
[221] Vgl. Der Mittag, Düsseldorf v. 16.10.1953: „Aus Angst in den Tod".
[222] Vgl. Die Welt v. 01.04.1960: „Selbstmorde mitteldeutscher Bauern".
[223] Vgl. BMGF: Die Zwangskollektivierung, S. 16.
[224] Vgl. Die Welt v. 01.04.1960: „Selbstmorde mitteldeutscher Bauern".
[225] Vgl. Neues Deutschland (SED) v. 02.04.1960: „Plan der blühenden Landwirtschaft".
[226] Vgl. Der Mittag, Düsseldorf v. 24.03.1960: „Terror gegen Zonenbauern wird härter".
[227] Vgl. Der Tagesspiegel, Berlin v. 13.05.1960: „Kollektivierung trieb Bauern in den Tod".

verkündete, die Bauernschaft wäre „aus eigner [sic!] Überzeugung von einer ausgebeuteten Klasse zu der Klasse der Genossenschaftsbauern aufgestiegen"[228]. Anläßlich einer Regierungserklärung zur vollständigen Sozialisierung der landwirtschaftlichen Produktion soll Ulbricht sogar wörtlich gesagt haben: „Bei uns kann kein einziger Bauer durch irgendwelchen Druck gezwungen werden, Haus und Hof aufzugeben"[229].

3.10 Gebrochener Widerstand und bezwungene Resistenz: Der Eintritt in die LPG

Mit dem Beginn der Zwangskollektivierung fanden die Hoffnungen der Einzelbauern auf weitere privatwirtschaftliche Selbständigkeit ein jähes Ende. Selbst die hartnäckigsten unter ihnen mußten notgedrungen einsehen, daß jeder weitere Widerstand zwecklos war und auf direktem Wege ins Gefängnis führte. Schließlich wurden manche Dörfer von bis zu 80 Funktionären heimgesucht, die sich unter Berufung auf ihre staatlichen Vollmachten rücksichtslos auf den bäuerlichen Höfen einquartierten und ihren „Gastgebern" vom frühen Morgen bis in den späten Abend hinein nachstellten.[230] Ein 38jähriger Bauer, der mit seiner Frau nach West-Berlin fliehen konnte, wurde vom Daily Telegraph wie folgt zitiert: „The Communist agents followed us everywhere. They even came into our bedroom at night, never letting up in their propaganda speeches."[231] In Geilsdorf in Thüringen soll ein Werber sogar unumwunden zugegeben haben: „Ich habe den Auftrag, mir von der Wohnungskommission des Ortes ein Zimmer bei Ihnen einräumen zu lassen und nicht früher zu gehen, als bis Sie Ihren Eintritt zur Genossenschaft erklärt haben oder ich einen Grund gefunden habe, der zu Ihrer Verhaftung führt."[232] Und als ein Bauer namens Lidtke (wie bereits erwähnt) öffentlich bekanntgab, daß er eher aufs Schafott als in eine Produktionsgenossenschaft ginge, stellten sich vier Funktionäre ein und bearbeiteten ihn fünf Tage lang ohne Pause, bis er aufgrund von Schlafentzug einen Nervenzusammenbruch erlitt und mit letzter Kraft seinen „freiwilligen" Beitritt unterschrieb.[233] Auf den Protest eines Bauern hin, Methoden wie diese seien doch nichts als Zwang, wurde ihm erwidert, daß es sich nur um Zwang handeln würde, wenn man ihm die Hand, mit der er unterschreibe, mit Gewalt führte.[234] Den Bauern, die weder aus der Heimat noch aus dem Leben fliehen wollten, blieb keine Wahl mehr. Der Eintritt in die LPG war unausweichlich.

---

[228] Deutsche Zeitung und Wirtschafts Zeitung v. 26.04.1960: „Ulbricht feiert 'Bauernbefreiung'".
[229] Ebd.
[230] Vgl. Bulletin Bonn, BPA v. 22.03.1960: „Land unterm Terror".
[231] Daily Telegraph v. 29.03.1960: „Whipping East German Farmers".
[232] Stuttgarter Zeitung v. 13.04.1960: „Ihr kommt hier nicht raus, bis ihr unterschrieben habt".
[233] Vgl. Die Welt v. 25.03.1960: „Die Suche nach dem Bauern Lidtke".
[234] Vgl. Deutsche Zeitung und Wirtschafts Zeitung v. 13.04.1960: „Wie die SED Kolchosen bildet".

So konnte also am 14. April 1960 offiziell der Abschluß der Kollektivierung der Landwirtschaft bekanntgegeben werden. Die Bauern hatten verloren, ihr Widerstand war gebrochen worden. Wenn überhaupt, so blieben ihnen nur noch symbolische Akte wie die Verweigerung der Zustimmung zum Musterstatutabsatz über die Freiwilligkeit des Beitritts. In der LPG „Freie Scholle" im Bezirk Karl-Marx-Stadt wurde der betreffende Absatz sogar umformuliert in: „Der Zusammenschluß erfolgte nicht freiwillig"[235]. Damit waren die Bauern im Grunde aber auch schon am Ende ihrer Möglichkeiten angelangt. Resignation und Teilnahmslosigkeit breiteten sich aus. Die einst fleißigen Landwirte nahmen die Mentalität unterbezahlter Landarbeiter an. Viele von ihnen taten nur noch das Nötigste.[236] Es setzte eine „organisierte Verantwortungslosigkeit"[237] ein, eine geradezu „kollektive Apathie": „Es ist doch alles egal, was man tut. Wir machen unsere Stunden herunter. Das geht uns alles nichts mehr an."[238]. In einer LPG in Pirna, Sachsen, ließen - um nur ein Beispiel zu nennen - die Genossenschaftsbauern mehrere Felder bewußt verunkrauten.[239] Die bezeichnendste Aussage zur neuen phlegmatischen Arbeitseinstellung der Genossenschaftsbauern dürfte die eines LPG-Landwirtes aus Mecklenburg sein: „Bis jetzt habe ich jeden Tag und jede Woche im voraus überlegt, was zu tun am dringendsten ist. Wenn mich jetzt so ein 25jähriger Agronom morgens zu irgendeiner Arbeit einteilt, und ich weiß, daß das falsch ist, dann würde ich ihm am liebsten ein paar langen, aber so (...) sehe ich eben zu, wie ich meine acht Stunde herumkriege"[240]. In der Landwirtschaft der DDR hatte sich bereits wenige Wochen nach Abschluß der Zwangskollektivierung die gefürchtete „FFF-Losung" etabliert: „Feierabend, Filzschuhe, Fernsehapparat"[241]. Engagiert tätig waren die Bauern nur noch auf ihren eigenen Parzellen, den sogenannten Hauswirtschaften. Vor allem die Bäuerinnen kümmerten sich bevorzugt um diesen letzten halben Hektar „eigenen Landes". So dauerte es nicht lange, und die SED prangerte auch diese Form der Verweigerung öffentlich an und empörte sich über diesen „offensichtlichen Betrug am Staat und an der Arbeiterklasse"[242].

---

[235] Osmond, Jonathan, S. 157.
[236] Vgl. Berliner Morgenpost v. 24.08.1956:
„Die SED und die Bauern. Warum die Partei in Pirna nachgeben mußte".
[237] Bahro, Rudolf, o.A., zitiert nach Neubert, Ehrhart:
Zwischen Anpassung und Verweigerung - der einzelne im realen Sozialismus, in:
Deutscher Bundestag (Hg.): Materialien der Enquete-Kommission „Aufarbeitung von
Geschichte und Folgen der SED-Diktatur in Deutschland". Band II/1: Machtstrukturen und
Entscheidungsmechanismen im SED-Staat und die Frage der Verantwortung.
20. Sitzung, 12. Wahlperiode des Deutschen Bundestages.
Baden-Baden 1995, S. 115-122, S. 119.
[238] Frankfurter Allgemeine Zeitung v. 15.04.1961: „Das geht uns alles nichts mehr an".
[239] Vgl. Bremer Nachrichten v. 22.07.1961: „Bauern kontra SED".
[240] Der Tag, Berlin v. 01.04.1960: „Volkspolizei jagt flüchtende Bauern".
[241] Der Tagesspiegel, Berlin v. 16.04.1961: „Landflucht, Lethargie und Desinteresse".
[242] Der Kurier, Berlin v. 14.11.1961: „Wer im Haushalt arbeitet, betrügt".

Nur einigen wenigen Landwirten gelang es, sich unter dem Deckmantel des Genossen-schaftsbauern die einstige Selbständigkeit wenn auch nicht de jure, so doch zumindest de facto zu bewahren. Beispielsweise arbeiteten 17 Bauern in Hohenzieritz im auch nach der Kollektivierung ebenso selbständig weiter wie zuvor. Schließlich hatten sich deren Familien schon immer gut verstanden und waren gemeinschaftlich auf die Idee gekommen, angesichts des staatlichen Drucks gemeinsam zwar eine LPG Typ I zu gründen, diese aber nur formal existieren zu lassen. Nach der amtlich bekundeten Gründung der Produktionsgenossenschaft gingen sämtliche 17 Landwirte ihrer persönlichen Arbeit nach, als ob es die Kollektivierung nie gegeben hätte.[243] Mit ähnlicher „Bauernschläue" taktierten auch zwei Landwirte in Rollwitz im Kreis Pasewalk. Gemeinsam mit seinem Nachbarn gründete dort ein Bauer namens Willi Schneider eine LPG Typ I, in die die beiden Freunde als weitere Mitglieder nur noch ihre drei Kinder aufnahmen. Fern jeder Kontrolle durch unliebsame Dritte wirtschafteten die beiden Landwirte auf diese Weise mit der gewohnten Selbständigkeit weiter und entgingen fortan sogar den Belästigungen durch die Schergen der SED.[244]

Doch von diesen vereinzelten Sonderfällen einmal abgesehen, hatte die gesamte Bauernschaft ihre Selbständigkeit, ihren Besitz und auch ihren einstigen Willen zum aktiven Widerstand verloren - zunächst jedenfalls. Denn als die Agitatoren und Funktionäre die Dörfer wieder verlassen hatten und die SED im fernen Berlin überschwenglich den Sieg des Sozialismus auf dem Lande feierte, begannen die Genossenschaftsbauern neuen Mut zu schöpfen und neben vielfachen innergenossenschaftlichen Sabotageakten wieder ein erneutes Aufbegehren zu wagen. In den Kollektiven „brodelte" es. Schon bald nach dem Abschluß der Vergenossenschaftlichung forderten ihre Mitglieder lautstark den genehmigten Austritt und die gänzliche Auflösung der Landwirtschaftlichen Produktionsgenossenschaften.

3.11 Erneutes Aufbegehren im „vollsozialistischen Staat":
Austritte und Auflösungen von LPGen

Am 25. April 1960 verkündete die Volkskammer der DDR den unwiderruflichen Sieg der sozialistischen Produktionsverhältnisse auf dem Lande - ein Pyrrhussieg, wie sich bald herausstellen sollte, denn in vielen Landwirtschaftlichen Produktionsgenossenschaften konnte von genossenschaftlicher Arbeitsweise keine Rede sein. Außerdem keimte nach Abzug der Agitatoren und Funktionäre die typisch bäuerliche Starrhalsigkeit recht schnell wieder auf. So weigerten sich zum Beispiel die Mitglieder der LPG „Goethe" nicht nur, genossenschaftlich ihr

---

[243] Vgl. Krenz, Gerhard: Notizen zur Landwirtschaftsentwicklung in den Jahren 1945-1990. Schwerin 1996, S. 73.
[244] Vgl. Die Welt v. 09.08.1960: „Bauern überlisten die SED".

Land zu bewirtschaften, sondern auch, die Grenzsteine von den Feldern zu räumen. SED-Funktionären erklärten die Bauern, daß es ja schließlich auch „einmal wieder anders kommen [könne]"[245].

In der Gemeinde Werben im Spreewald wurde Anfang Juni 1960 anläßlich einer Vollversammlung der Genossenschaft deren sofortige Auflösung gefordert. Dabei war es dort bereits im Mai zu Tumulten gekommen, als zahlreiche in die LPG gezwungene Bauern versucht hatten, ihre Kündigung durchzusetzen und diese von den Vertretern des Kreisrates nicht anerkannt wurden.[246] Aus dem gleichen Grund verließen dreißig Kollektivbauern in Weidenhain im sächsischen Kreis Torgau geschlossen eine Versammlung. Ihr Sprecher hatte die Auflösung der LPG gefordert, war aber von den anwesenden SED-Funktionären rüde zurückgewiesen worden.[247] In manchen Orten stellten sich die Parteifunktionäre aber auch auf die Seite der Genossenschaftsbauern und unterstützten die Austrittsgesuche aus den unrentablen und verwahrlosten Produktionsgenossenschaften - in der Regel jedoch ohne Aussicht auf Erfolg.[248] Von offizieller Seite wurden Vorkommnisse wie diese mit Stellungnahmen wie der folgenden kommentiert: „In Dörfern unseres Bezirks organisierten faschistische Elemente, die ihre alte Vergangenheit noch nicht überwunden haben, unterstützt und gelenkt vom RIAS, die Austritte von Genossenschaftsbauern aus den LPG, um die sozialistische Entwicklung auf dem Land rückgängig zu machen."[249] Doch die Bauern ließen sich nicht in die Irre führen. In Kritzowburg im Kreis Wismar verglichen einige Genossenschaftsbauern den Stempelaufdruck „LPG" auf ihren Versicherungsnachweisen sogar mit der menschenverachtenden Kennzeichnung der jüdischen Bevölkerung, die es im „Dritten Reich" gegeben hatte.[250] Deutlicher ließ sich die Verachtung von Staat und Partei wohl kaum noch ausdrücken.

Alles in allem sollen im Zeitraum vom 1. März bis zum 26. Juli 1960 aus den LPGen 2.654 Bauern ausgetreten sein, von denen allerdings 1.094 „überzeugt" werden konnten, wieder einzutreten.[251] Die Bauern gaben an, wegen der mangelnden Produktivität und dem Fehlen von innergenossenschaftlicher Demokratie nicht mehr länger LPG-Mitglied bleiben zu wollen. Die zumeist schlechte Organisation und die für gewöhnlich ungenügende Qualifikation der Führung

---

[245] Telegraf Berlin v. 27.08.1960: „Grenzsteine bleiben stehen".
[246] Vgl. Die Welt v. 30.06.1961: „Bauern wehren sich gegen die SED".
[247] Vgl. Frankfurter Allgemeine Zeitung v. 26.07.1961: „Unruhe in einem Zonendorf".
[248] Vgl. Hannoversche Presse v. 07.03.1957: „Auch die bäuerliche Opposition wächst".
[249] Der Vorsitzende des Rates des Bezirks Leipzig in einem offenen Brief vom 29. August 1961,
  zitiert nach: Fricke, Karl Wilhelm: Opposition und Widerstand, S. 136.
[250] Vgl. Osmond, Jonathan, S. 162.
[251] Vgl. ebd.

führte zu einem beständigen Motivationsdefizit und wachsender bäuerlicher Lethargie.[252] Außerdem hatten in vielen Produktionsgenossenschaften die erfahrenen Großbauern den Vorsitz inne, was der Vielzahl von einstigen Neu- und Kleinbauern nicht eben zum Vorteil gereichte. Im Grunde hatte sich in vielen Fällen an den alten dörflichen Macht- und Gesellschaftsstrukturen kaum etwas geändert. Die Großbauern besetzten die wichtigsten Positionen und behaupteten ihre Interessen.[253]

Die SED benötigte eineinhalb Jahre, um zu bemerken, daß sie den Staat mit ihrer Gesellschafts- und Agrarpolitik ein weiteres Mal an den Rand des Abgrunds gebracht hatte. Die Bauern gaben keine Ruhe. Noch lange nach Abschluß der Zwangs-kollektivierung kam es immer wieder zu Protesten und Unruhen, zu LPG-Auflösungen und Austrittsgesuchen, zu Brandstiftungen und zur massenhaften Republikflucht. Erst mit dem Bau der Berliner Mauer kehrte allmählich Ruhe ein. Da jeder weitere Widerstand offensichtlich zwecklos war, begannen die Bauern, sich mit ihrem Schicksal abzufinden und das beste daraus zu machen. In den folgenden Jahren verblaßten die Erinnerungen an den Terror der Kollektivierung. Es folgte eine Phase der Konsolidierung, in welcher es gelang, die sozialistische Landwirtschaft der DDR auf eine weitestgehend krisenfeste Basis zu stellen. Die Zustände in vielen LPGen wurden verbessert und die Produktivität erhöht. Wenige Jahre nach dem Mauerbau hatte sich das Verhältnis der Dorfbewohner zu ihren Produktionsgenossenschaften grundlegend gewandelt. Der einst so erbitterte Widerstand gegen die genossenschaft-lichen Produktionsverhältnisse auf dem Lande keimte nie wieder auf.

4. Die Gründe des Widerstands der Landbevölkerung

Der wesentliche Grund für die bäuerliche Ablehnung der genossenschaftlichen Landbewirtschaftung dürfte zweifellos der damit einhergehende Verlust jeglicher Selbständigkeit und Freiheit gewesen sein. Es waren die tiefe Bindung zum eigenen Grund und Boden, der persönliche Ehrgeiz und die familiären Traditionen, die es den Bauern unmöglich machten, sich mit der geforderten gemeinschaftlichen Eigentumslosigkeit anzufreunden. Nicht selten befanden sich Haus, Hof und Land schon seit Generationen in den Händen der eigenen Familie. In eine LPG einzutreten bedeutete daher für die meisten der bisherigen Einzelbauern, den persönlichen Besitz einem fremden Herrn zu überlassen und diesem dann für kargen Lohn

---

[252] Vgl. Schmitt, Günther: Das Scheitern der Kollektivierung der Landwirtschaft in den sozialistischen Ländern: Eine transaktionskostentheoretische Erklärung, in: Boettcher, Erik; Herder-Dorneich, Philipp; Schenk, Karl-Ernst; Schmidtchen, Dieter (Hg.): Jahrbuch für Neue Politische Ökonomie. Band 10: Systemvergleich und Ordnungspolitik. Tübingen 1991, S. 199-221, S. 211.
[253] Vgl. Osmond, Jonathan, S. 157.

dienen zu müssen. Die Mehrzahl der Aussagen geflüchteter Bauern belegt dies: „Ich bin mein Leben lang ein freier Bauer gewesen und will nicht als Knecht arbeiten."[254]

Vielen Landwirten erschienen die Produktionsgenossenschaften nichts als armselige Heilstätten für sozial Minderbemittelte zu sein, deren Existenz außerhalb dieser Gemeinschaften bedroht war. Ein Eintritt kam somit oftmals allein aufgrund des persönlichen Selbstwertgefühls heraus nicht in Frage. Doch auch interfamiliäre Interessenslagen konnten ausschlaggebend sein. Söhne und Töchter neigten oftmals dazu, die Eltern an der Aufgabe der privaten Bewirtschaftung zu hindern, da sie ihre Erbschaft schwinden sahen. Im Dorf Haselberg im Kreise Bad Freienwalde soll die Ehefrau eines Einzelbauern namens Friedrich Klotzbücher sogar offen gedroht haben, sie würde sich von ihm scheiden lassen, wenn er in eine LPG eintrete.[255] Manchmal waren die Gründe wie im Falle eines ehemaligen Soldaten der Deutschen Wehrmacht aber auch ganz anderer Art: „Ich war in sowjetischer Gefangenschaft, dort habe ich die Kolchosen kennengelernt. Die LPG ist noch viel schlimmer."[256] Ähnlich äußerten sich auch andere Bauern: „Das sah da aus (...). So ein Schmutz! So was kannten wir in unserem Dorf gar nicht!"[257] Die Zustände in den Genossenschaftsbetrieben waren den meisten Einzelbauern wohlbekannt: „Wir wußten ja, wie es in der Nachbarschaft bei den landwirtschaftlichen Produktionsgenossenschaften aussieht. Die haben ja nicht mal Futter und Streu mehr gehabt und alle Bauern sind bloß Landarbeiter (...)."[258]

So sträubten sich die Bauern über Jahre hinweg dagegen, Haus und Hof samt Grund und Boden in eine LPG einzubringen, die ihnen alle Verfügungsgewalt über ihren einstigen Besitz rauben und diesen aller Voraussicht nach verwahrlosen lassen würde. Schließlich dienten die sowjetisch geprägten Produktivgenossenschaften in wirtschaftlicher Hinsicht einzig und allein der Erfüllung der staatlichen Planvorgaben, nicht etwa der gegenseitigen Unterstützung ihrer Mitglieder wie die früheren Raiffeisengenossenschaften.[259] Überhaupt konnten sich die Landwirte nicht mit dem Gedanken anfreunden, Besitzer eines nicht konkret faßbaren gesamtgesellschaftlichen Volkseigentums zu werden. Schließlich repräsentieren Begriffe wie „Gesellschaft" oder „Volk" nicht identifizierbare soziale Abstrakta, die faktisch nicht als

---

[254] Frankfurter Allgemeine Zeitung v. 25.03.1960: „Belagerungszustand in mitteldeutschen Dörfern".
[255] Vgl. Das Parlament, Bonn v. 22.01.1958: „Alles für die Genossenschaft".
[256] Der Bund Bern v. 24.05.1960: „Bauernflucht aus Ostdeutschland".
[257] Frankfurter Allgemeine Zeitung v. 25.03.1960: „Belagerungszustand in mitteldeutschen Dörfern".
[258] Neue Rhein-Zeitung, Köln v. 02.04.1960: „Wir haben uns im Keller versteckt".
[259] Vgl. Das Parlament, Bonn v. 04.05.1960:
„Das Weißbuch der Bundesregierung zum Bauernlegen in der Sowjetzone".

verantwortliche Eigentumsträger in Frage kommen können. Folglich waren die LPGen genau genommen also Staatseigentum.

Die Bauern hatten folglich allen Grund, sich gegen die Vergenossenschaftlichung ihrer Produktionsmittel entschlossen zur Wehr zu setzen.

IV. Zusammenfassung

Wie anhand zahlreicher Beispiele aufgezeigt werden konnte, basierte die Kollektivierung der Landwirtschaft in der DDR keineswegs auf dem von der SED propagierten Prinzip der Freiwilligkeit, sondern war eine mit staatlichem Zwang durchgeführte Umgestaltung der Besitz- und Produktionsverhältnisse, die den Unwillen der betroffenen Bevölkerungsschichten schlichtweg ignorierte und deren Widerstand rücksichtslos brach. Die dementsprechend erbitterte Gegenwehr kannte alle Formen des aktiven und passiven, des offenen und heimlichen sowie des offensiven und defensiven Widerstandes. Die Bauern begehrten verbal auf und artikulierten ihren Unmut, sie verweigerten sich standhaft, unterstützten sich solidarisch, wehrten sich nach Kräften oder gingen in die Offensive. Sie taten alles „Legale" wie „Illegale", was in ihrer Macht stand, um eine gigantische Manipulation der gesellschaftlichen Verhältnisse auf dem Dorfe zu verhindern oder zu verlangsamen. Es läßt sich als abschließendes Fazit also ganz klar feststellen, daß sich die Landbevölkerung - allen voran die drangsalierte Bauernschaft - entschlossen gegen die Kollektivierung der Landwirtschaft in der DDR zur Wehr gesetzt hat. Die von der Vergenossenschaft-lichung betroffenen Menschen auf dem Lande haben in den Jahren 1952 bis 1961 - in Teilen sogar darüber hinaus - ein ohne jeden Zweifel widerständiges Verhalten an den Tag gelegt, und dies auf jede nur erdenkliche Art und Weise. Letzten Endes jedoch blieb ihnen angesichts der gewaltigen Übermacht des Staatsapparates nur die Flucht aus der Heimat, die Flucht aus dem Leben oder das Arrangement mit den aufge-zwungenen Lebens- und Produktionsverhältnissen: der Eintritt in eine LPG.

Im nachhinein läßt sich feststellen, daß es in der Agrarpolitik der DDR vier Phasen der Kollektivierung gegeben hat. Erstens: Die Anfangsphase vom II. Parteitag der SED bis zum Einsetzen des „Neuen Kurses". Zweitens: Die Phase einer eher zurück-haltenden Genossenschaftsbildung (1954-1957). Drittens: Die Phase der forcierten Genossenschaftsbildung (1958-1959); und viertens die Phase der abschließenden Zwangskollektivierung. Mit diesen vier Etappen war die Kollektivierung der Land-wirtschaft in der DDR in auffallend ähnlicher Form vollzogen worden wie jene in der Sowjetunion. Schließlich war die Bildung von

Kolchosen auch dort zunächst eupho-risch, anschließend zurückhaltend, daraufhin forciert und abschließend zwangsweise durchgeführt worden.

Der Marxismus-Leninismus hat den Bauern der DDR ebensowenig zum Heile gereicht wie jenen der Sowjetunion oder der anderen kommunistisch regierten Länder. Weder fanden die Werktätigen in den Städten und auf dem Lande die von Marx und Engels geradezu erträumte Freiheit, noch erstritten sie Herrschaft und Macht. Am allerwenigsten aber löste sich der Staat von selber auf. Zu sehr waren Marx' und Engels' Visionen der genossenschaftlichen Produktion im Laufe der Geschichte durch Lenins Pragmatismus und Stalins Menschenverachtung verfälscht worden, zu sehr gierte die ostdeutsche Parteiführung nach der diktatorischen Macht, als daß sich ein wirklich freier und demokratischer Staat der Arbeiter und Bauern hätte entwickeln können. Nicht einmal Ulbricht gelang es in seiner Machtvollkommenheit, die Kluft zwischen Anspruch und Wirklichkeit, den Abgrund zwischen Ideologie und Realität im eigenen Staate zu überwinden. Seine öffentlichen Versicherungen, es werde niemals zu einer Kollektivierung kommen, entpuppten sich im nachhinein als Lügen. Seine sicherlich ernsthaften Hoffnungen, er könne die Bundesrepublik Deutschland im wirtschaftlichen Wettkampf überrunden, erwiesen sich als Phantasterei. Und doch zwang die SED der ostdeutschen Bevölkerung, aus der ihre Mitglieder selbst entstammten, ein ungewolltes, ein abgelehntes, ein allerorten bekämpftes Wirtschafts- und Gesellschaftssystem auf, das den Arbeitern im Namen des Marxismus-Leninismus im Grunde eben jene Knechtschaft, Abhängigkeit und Unfreiheit brachte, die Marx aufrichtig hatte verhindern wollen.

Während des gesamten Bestehens der DDR gelang es den ostdeutschen Machthabern nicht, die Mehrheit ihrer Bevölkerung von den Vorteilen und der vermeintlichen Überlegenheit des Sozialismus zu überzeugen. Die Menschen in den Städten und auf dem Lande sträubten sich dagegen, sich für das Wohl einer kaum faßbaren gesellschaftlichen Gemeinschaft ebenso fleißig und engagiert einzusetzen, wie sie das einst für ihr eigenes Fortkommen getan hatten. Die Parteiführung hatte also trotz ihrer Machtfülle und ihrer weitreichenden Kontrollmöglichkeiten nur einen Teilsieg errungen: Den Besitz und die Produktionsmittel der Landbevölkerung hatte sie verstaatlichen können, die Menschen selbst jedoch nicht.

<u>**Abkürzungsverzeichnis**</u>

DBD	Demokratische Bauernpartei Deutschlands
DFD	Demokratischer Frauenbund Deutschlands
CDU	Christlich Demokratische Union
DDR	Deutsche Demokratische Republik
FDGB	Freider Deutscher Gewerkschaftsbund
FDJ	Freie Deutsche Jugend
ha	Hektar
KPD	Kommunistische Partei Deutschlands
KPdSU	Kommunistische Partei der Sowjetunion
LDPD	Liberal-Demokratische Partei Deutschlands
LN	Landwirtschaftliche Nutzfläche
LPG / LPGen	Landwirtschaftliche Produktionsgenossenschaft / -en
MAS	Maschinen-Ausleih-Station
MTS	Maschinen-Traktoren-Station
NDPD	National-Demokratische Partei Deutschlands
ÖLB	Örtlicher Landwirtschaftsbetrieb
RIAS	Rundfunk im Amerikanischen Sektor
SBZ	Sowjetische Besatzungszone (Deutschlands)
SED	Sozialistische Einheitspartei Deutschlands
SMAD	Sowjetische Militäradministration (Deutschland)
SPD	Sozialdemokratische Partei Deutschlands
UdSSR	Union der Sozialistischen Sowjetrepubliken
VdgB	Vereinigung der gegenseitigen Bauernhilfe
VEB	Volkseigener Betrieb / Volkseigene Betriebe
VEG	Volkseigenes Gut / Volkseigene Güter
VEAB	Volkseigene Erfassungs- und Aufkaufbetriebe
VO	Verordnung
ZK	Zentralkomitee

Quellen- und Literaturverzeichnis

I. Quellen

Deutscher Bundestag:
Ausschuß für Gesamtdeutsche und Berliner Fragen:
Die Intelligenzschicht in der Sowjetzone Deutschlands.
Band 2: Analyse der Fluchtgründe.
Parlamentsarchiv des Deutschen Bundestages, Akte 4 / 292 II.
Bonn 1959.

Deutscher Bundestag:
Drucksache Nr. 4303:
Schriftlicher Bericht des Ausschusses für gesamtdeutsche Fragen:
Zwangsmaßnahmen gegen den Bauernstand in der sowjetischen Besatzungszone.
1. Wahlperiode, Bonn 1953.

Engels, Friedrich:
Die Bauernfrage in Frankreich und Deutschland, in:
Institut für Marxismus-Leninismus beim ZK der SED (Hg.):
Karl Marx - Friedrich Engels. Werke.
Band 22, Berlin 1972, S. 483-505.

Karl-Marx-Haus (Hg.):
Engels, Friedrich; Marx, Karl:
Das Kommunistische Manifest (Manifest der Kommunistischen Partei).
Von der Erstausgabe zur Leseausgabe.
Trier 1995.

Kautsky, Karl:
Die Sozialisierung der Landwirtschaft.
Berlin 1919.

Leonhard, Wolfgang:
Die Revolution entläßt ihre Kinder.
Köln 1955.

Marx, Karl:
Misère de la philosophie.
Paris 1946.

Pieck, Wilhelm:
Junkerland in Bauernhand.
Berlin 1955.

Ulbricht, Walter:
Referat: Die gegenwärtige Lage und die neuen Aufgaben der SED, in:
Protokoll der Verhandlungen der II. Parteikonferenz der Sozialistischen Einheitspartei
Deutschlands 9. bis 12. Juli 1952 in der Werner-Seelenbinder-Halle zu Berlin.
Berlin 1952, S. 20-161.

II. Schrifttum

Ahrends, Klaus; Hoell, Günter:
Die Agrarverhältnisse im Sozialismus.
3., vollständig überarbeitete Auflage, Berlin 1989.

Autorenkollektiv unter der Leitung von Groschoff, Kurt; Heinrich, Richard:
Die Landwirtschaft der DDR.
Berlin 1980.

Autorenkollektiv unter der Leitung von Schöneburg, Karl-Heinz:
Errichtung des Arbeiter- und Bauernstaates der DDR 1945-1949.
Berlin 1983.

Bauerkämper, Arnd:
Die Bodenreform in der Sowjetischen Besatzungszone in vergleichender und
beziehungsgeschichtlicher Perspektive. Einleitung, in:
Bauerkämper, Arnd (Hg.):
Junkerland in Bauernhand.
Durchführung, Auswirkungen und Stellenwert der Bodenreform in der Sowjetischen
Besatzungszone.
Stuttgart 1996, S. 7-19.

Bauerkämper, Arnd:
Die Neubauern in der SBZ/DDR 1945-1952.
Bodenreform und politisch induzierter Wandel der ländlichen Gesellschaft, in:
Bessel, Richard; Jessen, Ralph (Hg.):
Die Grenzen der Diktatur. Staat und Gesellschaft in der DDR.
Göttingen 1996, S. 108-136.

Bauerkämper, Arnd:
Legitimer Eingriff oder machtpolitisches Diktat?
Die Bodenreform in der Sowjetischen Besatzungszone im Rückblick nach fünfzig Jahren, in:
Potsdamer Bulletin für Zeithistorische Studien.
Heft 5, 1995, S. 64-69.

Becker, Heinrich:
Dörfer heute. Ländliche Lebensverhältnisse im Wandel. 1952, 1972 und 1993/95.
Bonn 1997.

Bollin, Christina; Fischer-Bollin, Peter:
Mauer, in:
Weidenfeld, Werner; Korte, Karl-Rudolf (Hg.):
Handbuch zur deutschen Einheit 1949-1989-1999.
Aktualisierte und erweiterte Neuausgabe, Bonn 1999, S. 547-558.

Braun, Johannes:
Volk und Kirche in der Dämmerung.
Ein Einblick in die vier Jahrzehnte des Sozialismus in der DDR.
Leipzig 1992.

Buchsteiner, Ilona:
Bodenreform und Agrarwirtschaft der DDR. Forschungsstudie, in:
Landtag Mecklenburg-Vorpommern (Hg.):
Zur Arbeit der Enquete-Kommission „Leben in der DDR, Leben nach 1989 -
Aufarbeitung und Versöhnung." Anträge, Debatten, Berichte.
Band 5, Schwerin 1998, S. 11-61.

Bundesministerium für Ernährung, Landwirtschaft und Forsten (Hg.):
Enteignungen in der Landwirtschaft der DDR nach 1949 und deren politische Hintergründe.
Münster-Hiltrup 1992.
Bundesministerium für Gesamtdeutsche Fragen (Hg.):
Die Enteignungen in der Sowjetischen Besatzungszone und die Verwaltung des Vermögens
von nicht in der Sowjetzone ansässigen Personen.
Bonn 1956.

Bundesministerium für Gesamtdeutsche Fragen (Hg.):
Die Flucht aus der Sowjetzone und die Sperrmaßnahmen des Kommunistischen Regimes
vom 13. August 1961 in Berlin.
2., durchgesehene Auflage, Bonn, Berlin 1961.

Bundesministerium für Gesamtdeutsche Fragen (Hg.):
Die Sowjetisierung der Landwirtschaft in der Sowjetzone.
Bonn, Berlin, o.J.

Bundesministerium für Gesamtdeutsche Fragen (Hg.):
Die Vernichtung des selbständigen Bauernstandes in der Sowjetzone.
Nachdruck, Bonn 1961.

Bundesministerium für Gesamtdeutsche Fragen (Hg.):
Die Zwangskollektivierung des selbständigen Bauernstandes in Mitteldeutschland.
Bonn, Berlin 1960.

Buss, Franz:
Die Struktur und Funktion der landwirtschaftlichen Genossenschaften im Gesellschafts-
und Wirtschaftssystem der sowjetischen Besatzungszone Deutschlands.
Marburg/Lahn 1965.

Deutscher Bauernverband e.V. (Hg.):
Agrarpolitik in der DDR. Ziele, Methoden, Ergebnisse.
Bonn 1978.

Dreessen, Klaus:
Die Bedeutung der Landwirtschaftlichen Produktionsgenossenschaften für die
Funktionstüchtigkeit des Planungssystems in der DDR und ihr Beitrag zum
Wirtschaftswachstum. Dissertation.
Münster 1973.

Dreier, Ralf:
Widerstandsrecht und ziviler Ungehorsam im Rechtsstaat, in:
Glotz, Peter (Hg.):
Ziviler Ungehorsam im Rechtsstaat.

Frankfurt am Main 1983, S. 54-75.

Franzky, Astrid; Franzky, Hans:
Die Enteignungsmaßnahmen auf dem Gebiet der Landwirtschaft von der Bodenreform bis zur
Kollektivierung in der ehemaligen SBZ/DDR. Dokumentation 1991.
Burgwedel, Hannover 1991.

Fricke, Karl Wilhelm:
Opposition und Widerstand in der DDR. Ein politischer Report.
Köln 1984.

Fricke, Karl Wilhelm:
Selbstbehauptung und Widerstand in der Sowjetischen Besatzungszone Deutschlands.
Bonn, Berlin 1964.

Friedrich-Ebert-Stiftung (Hg.):
Bauern in beiden deutschen Staaten.
Bonn 1973.

Habermann, Heinz:
Sowjetzone ohne Bauern.
Das Monopol der Produktionsgenossenschaften wird erzwungen, in:
Der Volkswirt.
Band 15/2, Heft 18, 1961, S. 772-776.

Hauschild, Ingrid:
Von der Sowjetzone zur DDR.
Zum verfassungs- und staatsrechtlichen Selbstverständnis des zweiten deutschen Staates.
Frankfurt am Main, Berlin, Bern, New York, Paris 1996.

Heitzer, Heinz:
Entscheidungen im Vorfeld der 2. Parteikonferenz der SED, in:
Beiträge zur Geschichte der Arbeiterbewegung.
Jg. 34, Heft 4, 1992, S. 18-32.

Henkys, Reinhard:
Die Opposition der „Jungen Gemeinde", in:
Henke, Klaus-Dietmar; Steinbach, Peter; Tuchel, Johannes (Hg.):
Widerstand und Opposition in der DDR.
Köln, Weimar, Wien 1999, S. 149-162.

Henning, Friedrich-Wilhelm:
Landwirtschaft und ländliche Gesellschaft in Deutschland.
Band 2: 1750 bis 1976. Paderborn 1978.

Hoffmann, Dierk; Schmidt, Karl-Heinz; Skyba, Peter (Hg.):
Die DDR vor dem Mauerbau. Dokumente zur Geschichte des anderen deutschen Staates
1949-1961.
München 1993.

Hoffmann, Joachim:
Zentralverwaltungswirtschaft am Beispiel der SBZ.
Frankfurt am Main, Berlin, Bonn, München 1966.

Horz, Gerhard:
Die Kollektivierung der Landwirtschaft in der Sowjetischen Besatzungszone Deutschlands
unter besonderer Berücksichtigung des sowjetischen Vorbildes. Ziele - Methoden -
Wirkungen.
Berlin 1961.

Huinink, Johannes; Mayer, Karl Ulrich; Diewald, Martin u.a. (Hg.):
Kollektiv und Eigensinn. Lebensverläufe in der DDR und danach.
Berlin 1995.

Immler, Hans:
Arbeitsteilung, Kooperation und Wirtschaftssystem.
Eine Untersuchung am Beispiel der Landwirtschaft in der BRD und in der DDR.
Berlin 1973.

Jessen, Ralph:
Partei, Staat und „Bündnispartner": Die Herrschaftsmechanismen der SED-Diktatur, in:
Judt, Matthias (Hg.):
DDR-Geschichte in Dokumenten.
Beschlüsse, Berichte, interne Materialien und Alltagszeugnisse.
Bonn 1998, S. 27-43.

Judt, Matthias:
Deutschlands doppelte Vergangenheit: Die DDR in der deutschen Geschichte, in:
Judt, Matthias (Hg.):
DDR-Geschichte in Dokumenten. Beschlüsse, Berichte, interne Materialien und
Alltagszeugnisse.
Bonn 1998, S. 9-24.
Kaapke, Jürgen:
In der späteren DDR, in:
Bauernverband der Vertriebenen e.V., Bonn; Agrarsoziale Gesellschaft e.V., Göttingen (Hg.):
Die Vertreibung der ostdeutschen Bauern und ihre Eingliederung.
Göttingen 1995.

Kleßmann, Christoph:
Die doppelte Staatsgründung. Deutsche Geschichte 1945-1955.
5., überarbeitete und erweiterte Auflage, Bonn 1991.

Kleßmann, Christoph:
Opposition und Dissidenz in der Geschichte der DDR, in:
Aus Politik und Zeitgeschichte. Beilage zur Wochenzeitung „Das Parlament".
Jg. 91, B 5/91, 1991, S. 52-62.

Kleßmann, Christoph:
Zwei Staaten, eine Nation. Deutsche Geschichte 1955-1970.
2., überarbeitete und erweiterte Auflage, Bonn 1997.

Knabe, Hubertus:
Was war die „DDR-Opposition"? Zur Typologie des politischen Widerspruchs in
Ostdeutschland, in:
Deutschland-Archiv. Zeitschrift für Fragen der DDR und der Deutschlandpolitik.
Jg. 29, Heft 2, 1996, S. 184-198.

Kollmer, Michael:
Idee und Wirklichkeit des Kommunismus. Ein Abriß seiner Geschichte von Babeuf bis Stalin.
Wien 1994.

Kowalczuk, Ilko-Sascha:
Von der Freiheit, Ich zu sagen. Widerständiges Verhalten in der DDR, in:
Poppe, Ulrike; Eckert, Rainer; Kowalczuk, Ilko-Sascha (Hg.):
Zwischen Selbstbehauptung und Anpassung.
Formen des Widerstandes und der Opposition in der DDR.
Berlin 1995, S. 85-115.

Kramer, Matthias:
Die Landwirtschaft in der Sowjetischen Besatzungszone.
Die Entwicklung in den Jahren 1945-1955. Textteil.
Bonn 1957.

Krebs, Christian:
Der Weg zur industriemäßigen Organisation der Agrarproduktion in der DDR.
Die Agrarpolitik der SED 1945-1960.
Bonn 1989.

Krenz, Gerhard:
Notizen zur Landwirtschaftsentwicklung in den Jahren 1945-1990.
Schwerin 1996.

Kruse, Joachim von (Hg.):
Weißbuch über die „Demokratische Bodenreform"
in der Sowjetischen Besatzungszone Deutschlands.
Erweiterte Neuauflage, München/Stamsried 1988.

Kuntsche, Siegfried:
Die Umgestaltung der Eigentumsverhältnisse und der Produktionsstruktur in der
Landwirtschaft, in:
Keller, Dietmar; Modrow, Hans; Wolf, Herbert (Hg.):
Ansichten zur Geschichte der DDR.
Band 1, Bonn, Berlin 1993, S. 191-210.

Lehmann, Hans Georg:
Chronik der DDR 1945/49 bis heute.
München 1987.

Lehmann, Hans Georg:
Deutschland-Chronik 1945 bis 1995.
Bonn 1995.

Lehmann, Hans Georg:
Die Agrarfrage in der Theorie und Praxis der deutschen und internationalen Sozialdemokratie.
Vom Marxismus zum Revisionismus und Bolschewismus.
Tübingen 1970.

Merkel, Konrad; Schuhans, Eduard:
Die Agrarwirtschaft in Mitteldeutschland. „Sozialisierung" und Produktionsergebnisse.
Bonn, Berlin 1960.

Merl, Stephan:
Hat sich der landwirtschaftliche Betrieb bewährt?
Zum Vergleich von Agrarentwicklung mit Agrarproblemen in der Sowjetunion und der DDR, in:
Horn, Hannelore; Knobelsdorf, Wladimir; Reiman, Michal [sic!] (Hg.):
Der unvollkommene Block.
Die Sowjetunion und Ost-Mitteleuropa zwischen Loyalität und Widerspruch.
Frankfurt am Main, Bern, New York, Paris 1988, S.139-170.

Merl, Stephan:
Sowjetmacht und Bauern. Dokumente zur Agrarpolitik und zur Entwicklung der Landwirtschaft während des „Kriegskommunismus" und der Neuen Ökonomischen Politik.
Berlin 1993.

Meyer, Fritjof:
Staatsgründer Wladimir Iljitsch Lenin, in:
Der Spiegel.
Nr. 29/1999, S. 142-149.

Mitter, Armin; Wolle, Stefan:
Untergang auf Raten. Unbekannte Kapitel der DDR-Geschichte.
München 1993.

Nehrig, Christel:
Zur sozialen Entwicklung der Bauern in der DDR 1945-1960, in:
Zeitschrift für Agrargeschichte und Agrarsoziologie.
Jg. 41, Heft 1, 1993, S. 66-76.

Neubert, Ehrhart:
Geschichte der Opposition in der DDR 1949-1989.
2., durchgesehene und erweiterte Auflage, Bonn 1997.

Neubert, Ehrhart:
Politische Verbrechen in der DDR, in:
Courtois, Stéphane; Werth, Nicolas; Panné, Jean-Louis u.a.:
Das Schwarzbuch des Kommunismus. Unterdrückung, Verbrechen und Terror.
4. Auflage, München 1998, S. 827-884.

Neubert, Ehrhart:
Zwischen Anpassung und Verweigerung - der einzelne im realen Sozialismus, in:
Deutscher Bundestag (Hg.):

Materialien der Enquete-Kommission „Aufarbeitung von Geschichte und Folgen der SED-Diktatur
in Deutschland". Band II/1: Machtstrukturen und Entscheidungsmechanismen im SED-Staat
und die Frage der Verantwortung. 20. Sitzung, 12. Wahlperiode des Deutschen Bundestages.
Baden-Baden 1995, S. 115-122.

N.N.:
Die Zwangskollektivierung in der Sowjetzone.
Sonderdruck aus dem SBZ-Archiv.
Köln 1960.

N.N.:
Dorf gesäubert, in:
Der Spiegel.
Nr. 34/1961, S. 19-21.

Osmond, Jonathan:
Kontinuität und Konflikt in der Landwirtschaft der SBZ/DDR zur Zeit
der Bodenreform und der Vergenossenschaftlichung, 1945-1961, in:
Bessel, Richard; Jessen, Ralph (Hg.):
Die Grenzen der Diktatur. Staat und Gesellschaft in der DDR.
Göttingen 1996, S. 137-169.

Pätzold, Horst:
Mittel und Methoden zur Durchsetzung der Kollektivierung der Landwirtschaft, in:
Landtag Mecklenburg-Vorpommern (Hg.):
Zur Arbeit der Enquete-Kommission
„Leben in der DDR, Leben nach 1989 - Aufarbeitung und Versöhnung."
Anträge, Debatten, Berichte.
Band 2, Schwerin 1998, S. 253-258.

Pätzold, Horst:
Zersetzungsmaßnahmen im Zuge der Kollektivierung der Landwirtschaft, in:
Landtag Mecklenburg-Vorpommern (Hg.):
Zur Arbeit der Enquete-Kommission
„Leben in der DDR, Leben nach 1989 - Aufarbeitung und Versöhnung."
Anträge, Debatten, Berichte.
Band 5, Schwerin 1998.

Philippi, Jürgen:
Die Agitation und Propaganda des „Bauern-Echo" im Prozeß der landwirtschaftlichen
Kollektivierung in der DDR. Eine computerunterstützte Inhaltsanalyse ausgewählter
Zeitungsartikel.
Bonn 1998.

Rausch, Heinz:
Macht und Herrschaft in der DDR, in:
Weber, Jürgen:
DDR-Bundesrepublik Deutschland.
Beiträge zu einer vergleichenden Analyse ihrer politischen Systeme.
München 1980, S. 15-40.

Schier, Barbara:
Alltagsleben und Agrarpolitik im „sozialistischen Dorf".
Eine Regionalstudie zum Wandel eines thüringischen Dorfes während der Jahre 1945-1990,
in:
Aus Politik und Zeitgeschichte. Beilage zur Wochenzeitung „Das Parlament".
Jg. 47, B 38/97, 1997, S. 38-47.

Schinke, Eberhard:
Der Anteil der privaten Landwirtschaft an der Agrarproduktion in den RGW-Ländern.
Berlin 1983.

Schmitt, Günther:
Das Scheitern der Kollektivierung der Landwirtschaft in den sozialistischen Ländern:
Eine transaktionskostentheoretische Erklärung, in:
Boettcher, Erik; Herder-Dorneich, Philipp; Schenk, Karl-Ernst; Schmidtchen, Dieter (Hg.):
Jahrbuch für Neue Politische Ökonomie. Band 10: Systemvergleich und Ordnungspolitik.
Tübingen 1991, S. 199-221.

Schnieders, Rudolf:
Agrarpolitik in Ost und West. Wieviel Freiheit, wieviel Sicherheit?, in:
Deutsche Bauern-Korrespondenz. Monatszeitschrift des Deutschen Bauernverbandes e.V.
43. Jahrgang, Heft 2, Februar 1990, S. 6-7.

Schroeder, Klaus:
Der SED-Staat. Geschichte und Strukturen der DDR.
München 1988.

Schwerin, Manfred Graf von; Voigt, Dieter:
Enteignung - Voraussetzung der kommunistischen Diktatur der SBZ/DDR, in:
Mertens, Lothar; Voigt, Dieter (Hg.):
Opfer und Täter im SED-Staat.
Berlin 1998.

Šik, Ota:
Der dritte Weg. Die marxistisch-leninistische Theorie und die moderne Industriegesellschaft.
Hamburg 1972.

Staritz, Dietrich:
Geschichte der DDR 1949-1985.
Frankfurt am Main 1985.

Steiner, André:
Politische Vorstellungen und ökonomische Probleme im Vorfeld der Errichtung
der Berliner Mauer. Briefe Walter Ulbrichts an Nikita Chruschtschow, in:
Mehringer, Hartmut (Hg.):
Von der SBZ zur DDR. Studien zum Herrschaftssystem in der SBZ und in der DDR.
München 1995, S. 233-268.

Thieme, Jörg H.:
Die sozialistische Agrarverfassung. Ein Ausnahmebereich im Wirtschaftssystem der DDR.

Stuttgart 1969.

Todev, Tode; Brazda, Johann:
Landwirtschaftliche Produktionsgenossenschaften in Mittel- und Osteuropa.
Vergangenheit - Gegenwart - Zukunft.
Göttingen 1994.

Tümmler, Edgar; Merkel, Konrad; Blohm, Georg (Hg.):
Die Agrarpolitik in Mitteldeutschland und ihre Auswirkungen auf Produktion und Verbrauch
landwirtschaftlicher Erzeugnisse.
Berlin 1969.

Wädekin, Karl-Eugen:
Sozialistische Agrarpolitik in Osteuropa.
Band 1: Von Marx bis zur Vollkollektivierung.
Berlin 1974.

Weber, Adolf:
„Umgestaltung der Eigentumsverhältnisse und der Produktionsstruktur
in der Landwirtschaft der DDR", in:
Deutscher Bundestag (Hg.):
Materialien der Enquete-Kommission „Aufarbeitung von Geschichte und Folgen der SED-
Diktatur in Deutschland." Band II/4: Machtstrukturen und Entscheidungsmechanismen im
SED-Staat
und die Frage der Verantwortung.
42. Sitzung, 12. Wahlperiode des Deutschen Bundestages, Baden-Baden 1995, S. 2809-2888.

Weber, Adolf:
Zur Agrarpolitik in der ehemaligen SBZ/DDR. Rückblick und Ausblick, in:
Merl, Stephan; Schinke, Eberhard (Hg.):
Agrarwirtschaft und Agrarpolitik in der ehemaligen DDR im Umbruch.
Berlin 1991, S. 53-78.

Weber, Hermann:
Die Instrumentalisierung des Marxismus-Leninismus, in:
Arbeitsbereich DDR-Geschichte im Mannheimer Zentrum für Europäische Sozialforschung
der Universität Mannheim (Hg.):
Jahrbuch für Historische Kommunismusforschung.
Berlin 1993, S. 160-170.

Wegner, Hermann:
Siebenjahrplan in der Landwirtschaft.
Das erste Jahr des Siebenjahrplanes der Landwirtschaft in Theorie und Praxis, in:
SBZ-Archiv. Dokumente, Berichte, Kommentare zu gesamtdeutschen Fragen.
Jg. 10, Heft 23, 10.12.1959, S. 357-360.

Werkentin, Falco:
Recht und Justiz im SED-Staat.
Bonn 1998.

Werkentin, Falco:
„Unser Land habt ihr - aber uns habt ihr noch lange nicht".
Widerstand im ländlichen Milieu der SBZ/DDR, in:
Henke, Klaus-Dietmar; Steinbach, Peter; Tuchel, Johannes (Hg.):
Widerstand und Opposition in der DDR.
Köln, Weimar, Wien 1999, S. 137-148.

Wilke, Manfred:
Vortrag: „Die begrenzte Souveränität der SED und ihres sozialistischen Staates", in:
Landtag Mecklenburg-Vorpommern (Hg.):
Zur Arbeit der Enquete-Kommission „Leben in der DDR, Leben nach 1989 -
Aufarbeitung und Versöhnung." Anträge, Debatten, Berichte.
Band 2, Schwerin 1998, S.83-89.

Zimmermann, Hartmut:
DDR-Handbuch.
3., überarbeitete und erweiterte Auflage, Köln 1985.

III. Tagespresse, Nachrichtenagenturen & Amtliche Meldungen

Allgemeine Zeitung - Neuer Mainzer Anzeiger
v. 02.03.1957: „Mitteldeutsche Bauern begehren auf".

Badische Zeitung, Freiburg im Breisgau
v. 27.07.1957: „Ulbricht mußte sich bittere Wahrheiten über die Landwirtschaft i. d. Zone anhören".
v. 22.08.1958: „Am Ende war Hemleben 'sozialistisches Dorf'".

Basler Nachrichten, Morgenausgabe
v. 01.04.1960: „Widerstand der Sorben im Spreewald gegen Zwangskollektivierung".

Berliner Morgenpost
v. 24.08.1956: „Die SED und die Bauern. Warum die Partei in Pirna nachgeben mußte".
v. 30.03.1960: „Offener Aufruhr in Spreewald-Dörfern".
v. 05.04.1960: „8. Mai: Ende des freien Bauerntums".

Bremer Nachrichten
v. 22.07.1961: „Bauern kontra SED".

Bulletin Bonn, BPA
v. 14.07.1953: „Das ist der neue Kurs".
v. 22.03.1960: „Land unterm Terror".

Daily Telegraph
v. 29.03.1960: „Whipping East German Farmers".

Das Parlament, Bonn
v. 17.07.1957: „Der Großbauer bekommt keinen Traktor".

v. 22.01.1958: „Alles für die Genossenschaft".
v. 04.05.1960: „Das Weißbuch der Bundesregierung zum Bauernlegen in der Sowjetzone".

Der Bund Bern
v. 24.05.1960: „Bauernflucht aus Ostdeutschland".

Der Kurier, Berlin
v. 14.11.1961: „Wer im Haushalt arbeitet, betrügt".
v. 26.09.1953: „Der Feind geht aufs Land. VdgB-Funktionäre rebellieren gegen Ulbricht-Kurs".

Der Mittag, Düsseldorf
v. 16.10.1953: „Aus Angst in den Tod".
v. 24.03.1960: „Terror gegen Zonenbauern wird härter".
v. 31.03.1960: „Bei der Unterschrift flossen Tränen".

Der Tag, Berlin
v. 23.05.1954: „Die Bauernnot in der Zone".
v. 23.03.1960: „Verzweiflung".
v. 01.04.1960: „Volkspolizei jagt flüchtende Bauern".

Der Tagesspiegel, Berlin
v. 23.03.1960: „SED-Methoden scharf verurteilt".
v. 30.03.1960: „Priesterverhaftung in Mecklenburg".
v. 20.04.1960: „SED-Terror führt zu Massenflucht aus der Zone".
v. 13.05.1960: „Kollektivierung trieb Bauern in den Tod".
v. 16.04.1961: „Landflucht, Lethargie und Desinteresse".
Deutsche Zeitung und Wirtschafts Zeitung
v. 13.04.1960: „Wie die SED Kolchosen bildet".
v. 16.04.1960: „Alle Bauern in Kolchosen".
v. 26.04.1960: „Ulbricht feiert 'Bauernbefreiung'".
v. 16.07.1960: „'Klassenfeind' im Kolchos".
v. 17.08.1960: „Heftige Feldschlacht".
v. 17.08.1961: „Bauer Krägenbrings Widerstand".

Die Welt
v. 25.03.1960: „Die Suche nach dem Bauern Lidtke".
v. 30.03.1960: „Bauer riß Grenzverhau ein".
v. 01.04.1960: „Selbstmorde mitteldeutscher Bauern".
v. 03.05.1960: „Flucht aus der Kolchose 'Neues Leben'".
v. 12.07.1960: „Drei Bauernsöhne zu Gefängnis verurteilt".
v. 09.08.1960: „Bauern überlisten die SED".
v. 30.06.1961: „Bauern wehren sich gegen die SED".

Echo der Zeit, Münster
v. 22.02.1953: „Ein Dorf verschwindet über Nacht".

Eigenberichte des Ministeriums für gesamtdeutsche Fragen:
EB 18580 v. 20.08.1953: „Revolten bei Einwohnerversammlungen".
EB 36444 v. 12.12.1953: „Zwischenfälle der VP und Bauern".
EB 67631 v. 29.05.1954: „Landwirtschaft".
EB 77070 v. 22.08.1954: „Brandschutz".

Frankfurter Allgemeine Zeitung
v. 25.03.1960: „Belagerungszustand in mitteldeutschen Dörfern".
v. 29.03.1960: „Finsterer Frühling".
v. 15.04.1961: „Das geht uns alles nichts mehr an".
v. 27.04.1961: „Zonenbauer ins Zuchthaus".
v. 09.05.1961: „Zuchthaus für einen Zonenbauer".
v. 26.07.1961: „Unruhe in einem Zonendorf".

Frankfurter Neue Presse
v. 15.08.1956: „Erregte Bauern verprügeln Funktionäre der SED".

Frankfurter Rundschau
v. 23.03.1961: „Genossenschaftsbauern wehren sich".

Hamburger Abendblatt
v. 24.03.1960: „Die Notschreie dieser Bauern verhallen ungehört".
v. 30.03.1960: „Spreewald-Bauern verprügeln die Kolchos-Werber".

Hamburger Echo
v. 02.04.1960: „Spitzbart Ulbricht spielt va banque".

Hannoversche Presse
v. 07.03.1957: „Auch die bäuerliche Opposition wächst".

Informationsbüro West
v. 16.03.1954: „Jugendliche verweigern Arbeitseinsatz in der Landwirtschaft".
v. 11.03.1960: „Gehaltsrückstufung als Strafe für Ablehnung eines Agitationsauftrages".
v. 21.03.1960: „Zuchthausurteile gegen LPG-Vorsitzende wegen 'Schädlingstätigkeit'".
v. 25.03.1960: „In 11 Wochen 525 Bauern mit Familienangehörigen geflüchtet".
v. 22.04.1960: „Eineinhalb Jahre Gefängnis wegen Widerstandes gegen die LPG".
v. 06.03.1961: „Bauarbeiter büßte Fluchthilfe für seinen Bruder mit Gefängnisstrafe".
v. 03.07.1954: „Zuchthausstrafe für unbestellt gelassene Ackerflächen".
v. 05.02.1954: „Bauern wegen 'Sabotage' verhaftet".
v. 11.02.1954: „Bauern wegen Verbreitung tendenziöser Gerüchte verhaftet".
v. 20.03.1954: „Bauern-Revolte gegen staatliche Zwangserfasser".
v. 10.08.1954: „Bauern verjagten Volkspolizisten und Erfasser".
v. 28.08.1954: „Schlägereien bei Zwangseintreibung".
v. 18.05.1954: „Sowjet-Panzer rollen über mecklenburgische Felder".
v. 17.07.1954: „Verhaftungen als Druckmittel gegen Bauern".

Kölner Stadt-Anzeiger
v. 22.03.1960: „Offener Protest von den Kanzeln der Zone".

Kölnische Rundschau
v. 22.05.1960: „Sturm über der Scholle".
v. 27.06.1961: „LPG-Schweine liebten illegal".

Mannheimer Morgen
v. 25.04.1960: „Der 'freiwillige' Beitritt zur LPG wurde erpreßt".

Neue Rhein-Zeitung, Köln
v. 14.09.1956: „Manchmal zerbricht ein Stuhl bei der Debatte".
v. 02.04.1960: „Wir haben uns im Keller versteckt".

Neue Zürcher Zeitung
v. 23.07.1960: „Der passive Widerstand der ostdeutschen Bauern".

Neues Deutschland (SED)
v. 02.04.1960: „Plan der blühenden Landwirtschaft".

Rhein-Neckar-Zeitung, Heidelberg
v. 21.05.1958: „Jeden Tag zehn neue Kolchosen".

Stuttgarter Nachrichten
v. 23.03.1960: „Der Bauer Griechen verweigerte die Unterschrift".

Stuttgarter Zeitung
v. 13.04.1960: „Ihr kommt hier nicht raus, bis ihr unterschrieben habt".

Tägliche Rundschau
v. 16.11.1950: ohne Titel.

Tarantel Berlin - Kommentare & Berichte
A 807 / 11 - 460.

Telegraf Berlin
v. 04.08.1960: „Die lassen uns keine Ruhe".
v. 27.08.1960: „Grenzsteine bleiben stehen".

Thüringische Landeszeitung, Weimar
v. 06.10.1959: „Hilfsangebote abgelehnt".